萱草色
菜の花色
山吹色
女郎花色
藤色
竜胆色
紫苑色
菖蒲色
杜若色
時雨の色
鳥の子色
鴨の羽色
虹色
曙色
空色
蒲色
金色
紅
唐紅
一斤染
退紅
今様色
茜色
蘇芳色
丁字色
紫
濃色
似紫
橡色
鈍色
柴色
臙脂色
菫色
卯の花色
唐棣色
水色
涅色
埴色
弁柄色
煉瓦色
朱
丹色
空五倍子色
桑の実色
紅葉色
樺色
葡萄色
青磁色
砥粉色
生壁色
群青色
小麦色
鉛白
茄子紺
芥子色
山葵色
雄黄
栗色
草色
柳色
裏葉色
松葉色

色の名前

IRO NO NAMAE

監修

近江源太郎

構成・文

ネイチャー・プロ編集室

角川書店

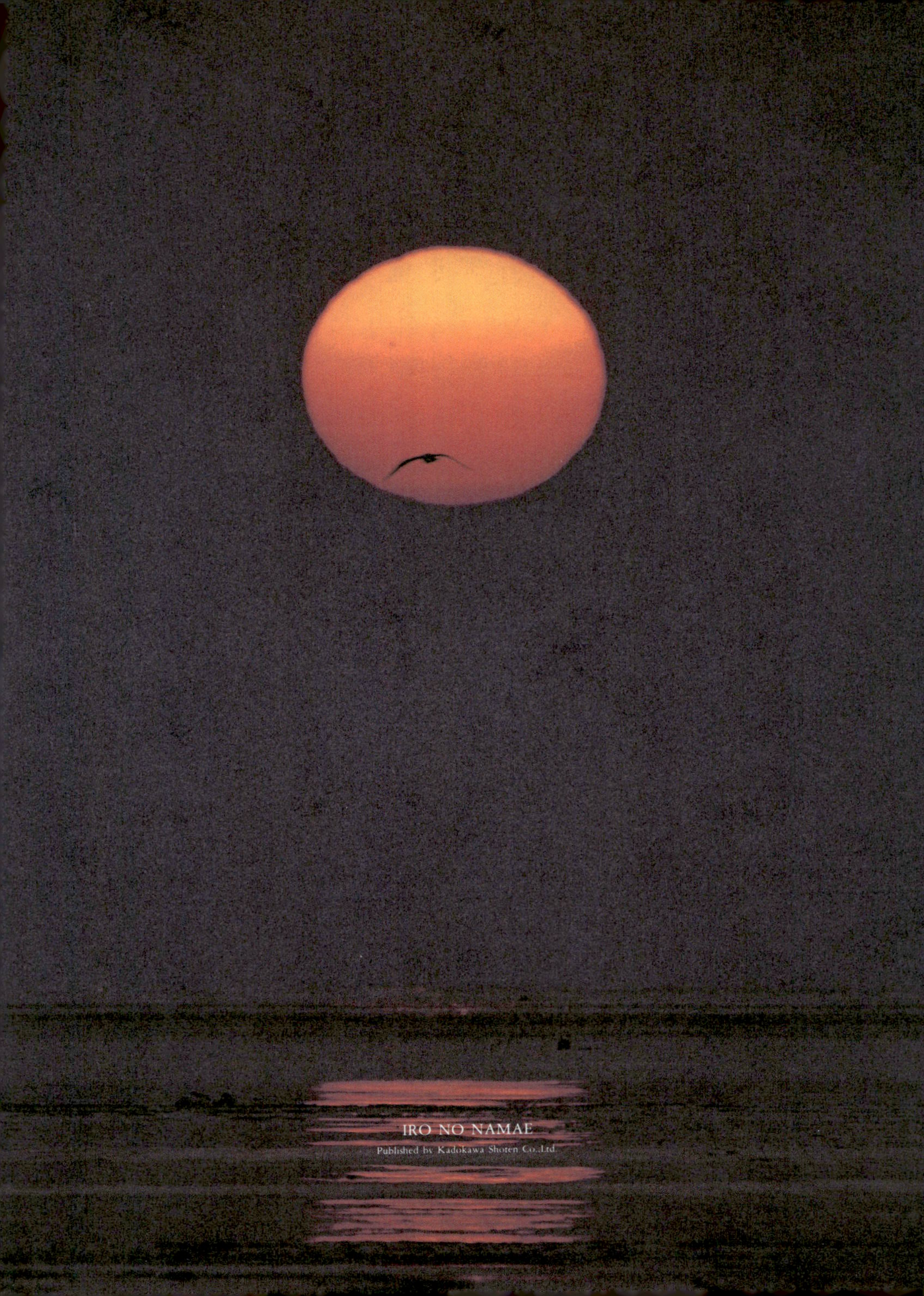
IRO NO NAMAE
Published by Kadokawa Shoten Co.,Ltd

わが心はおどる／虹の空にかかるを見るとき…………ワーズワース

はじめに

ことばと、そのことばが指示している物や事との関係を、
「地図と現地」の関係にたとえることがあります。
「リンゴ」と聞けば、私たちはあの果物を想い起こします。
けれども、「リンゴ」ということばは、
赤くて丸いそして甘酸っぱいあの果実そのものでは決してありません。
また、大きくても小さくても、赤くても黄色でも、
すべて「リンゴ」で片づけてしまいます。
色名も同様で、「赤」という色名は、
強烈な力をもって迫ってくるあの色を思い出させますが、
あの色そのものではありませんし、
明暗濃淡さまざまな赤をさして使われます。

また、地図にもさまざまな種類のものがあります。
五万分の一の地図は厳密につくられていますが、
観光地図のようにわかりやすく感情をかきたてられるけれども、
方向や距離は正確でないものもあります。
色の表示も同様で、XYZ表色系のように厳密に、
しかもすべての色を指示する人工的な表現方法もあります。

しかし、伝統的な色名による表現は観光地図に多少近いところがあります。
なじみやすく、感情的意味を含んでいます。
けれども、本当の○○色はどの色？　と問われると困る場合がありますし、
観光地図が名所旧跡以外を無視しているように、
名前のつけられていない色もたくさん残っています。

というわけで、この本では現地から地図がつくられる背景、
あるいはプロセスを中心に紹介しています。
身の回りのさまざまな事物のなかで、
人間はどのようなところに眼をつけて、色名をつくり出してきたのか？
また、外国の色名もある程度取り上げましたが、
これによって、肌や眼の色は異なっても、
案外共通の発想で色名が誕生していることに気づかれるでしょう。
逆に、たとえばリンゴから日本人は赤を、英語では緑を想起するように、
文化が違えば色名形成の過程が異なる点も知られるでしょう。
色名と事物との関係を通して、
地球の自然の多彩さ、人びとが色によせた想い、
そして人類が蓄積してきた文化の豊かさを感じ取っていただきたいと思います。

近江源太郎

『色の名前』目次

はじめに……Page 4

序章 虹の章……Page 9

コラム①―光がつくる色……Page 17

1 空や水や火の章……Page 18

コラム②―空の色・海の色・炎の色……Page 37

2 鳥や獣や虫の章……Page 40

コラム③―玉虫色と濡れ色……Page 65

3 花の章……Page 66

コラム④―生理的仕組みがつくる六つの基本色―赤・黄・緑・青・白・黒―Page 94

4 草や木の章……Page 96

コラム⑤―心がつくる色……Page 114

P3のことば―ワーズワース／虹（『ワーズワース詩集』田部重治選訳・岩波文庫）より

- 本書では自然に由来した色名を中心に294項目を取り上げ、その色名に関する簡単な解説文を記しました。また、解説文中においても、関連する色名530を紹介し、太字を用いて表記しました。
- 各項目は、色名の由来によって設けた７つの章及び序章にそれぞれ振り分け、各章の中では、内容の関連性にもとづいて適宜配列しました。検索にあたっては、巻末の「色名索引」（五十音順索引）をご利用ください。なお「色名索引」には各項目色名のほか、文中に太字で表記した色名、コラム⑦で紹介した重色目の名前も収録しました。
- 各項目色名の下には、その色名がさす色をイメージしやすいよう、小さな色票を提示しました。ただし、これらはサイズなどの面から、具体的な色見本としては充分とはいえません。巻末に「色彩索引」として色見本の一覧表を設けましたので、色見本としてはこちらをご利用ください。
- 写真は原則として、対応する解説文に隣接するようレイアウトしましたが、見開き写真など編集の都合上やむを得ず解説文と隣接できなかったものについては、その項目の文末に（　）として、写真掲載ページを記しました。
- 写真には色名に対応したキャプションをつけたものも多くありますが、あくまでも色の由来にもとづく写真キャプションであり、写真の色がその色の色見本と同一であることを示すものではありません。
- 各章末にはコラムページを設け、「色」と「色名」全般にまつわる話題を紹介しました。

序章　虹の章

虹は光が奏でる幻想的な色彩の交響楽《シンフォニー》です。と同時に、それは「色」のメカニズムを私たちに教えてくれる象徴的現象でもあります。ここでは本章の「色」の世界を開く扉として、虹の文字通り多彩な表情を集め、特に序章としました。

虹の草原

二本の虹

虹色《にじいろ》

雨あがりに大空にかかる虹を、赤・橙・黄・緑・青・藍・紫（菫）の七色と人はよびならわしています。けれども少していねいに見れば、微妙に異なった、七色をはるかに超える実にさまざまな色がなめらかに変化しながら並んでいることに気づくでしょう。この、無限とも見える色の変化を、人びとは赤・橙・黄…などの言葉によって、心の中に書き留めようとしました。人類がこうしてつくりだしてきた色名を調べてゆくと、人びとのものの見方や心情の機微に触れることができます。

虹の森

虹の瀑布

夜の虹（月光による虹）

また、虹は近づこうとしても決してその脚にたどりつくことはできません。英語の「rainbow chaser（虹を追う人）」は「空想家」を意味します。そして、世界各国に虹脚埋宝《こうきゃくまいほう》伝説が残っているように、人びとは虹に憧れを持ち、虹から夢を見、さまざまなイメージをふくらませたのでしょう。鮮やかで多彩な、にもかかわらずはかないあの虹への思いを、詩人でもある人間は〝虹色〟とよんだりもします。〝虹色〟は特定の色をさすわけではありませんが、色のロマンを託した表現ではあります。

虹の街角

光彩

日暈

ブロッケン現象

彩雲

しかし人類は虹の色をただ心の中に書き留め、また憧れるだけでは満足しませんでした。あの諸々の色を自分の手に確かにつかみたいと願って、さまざまな染料や顔料、そして最近ではカラーテレビのような光源色までも開発したわけです。単なる空想家でなく、技術者でもある人間は、虹を追ってこの現実の世界を華麗に彩ることに成功したといえましょう。その結果として、この本に見られる多彩な色名が語り継がれてきました。

霜の朝

因みに、漢字「虹」の「虫」は蛇、「工」はつらぬくの意味です。中国の人たちは、虹を、天空をつらぬく大蛇に見立てたのでしょう。英語ではrainbowですが、bowは弓、曲げられたものを意味しますから、この方が即物的ではあります。

プリズムによるスペクトル

水槽を通過した太陽光

宇宙から見た地球の夜明け

コラム 1

光がつくる色

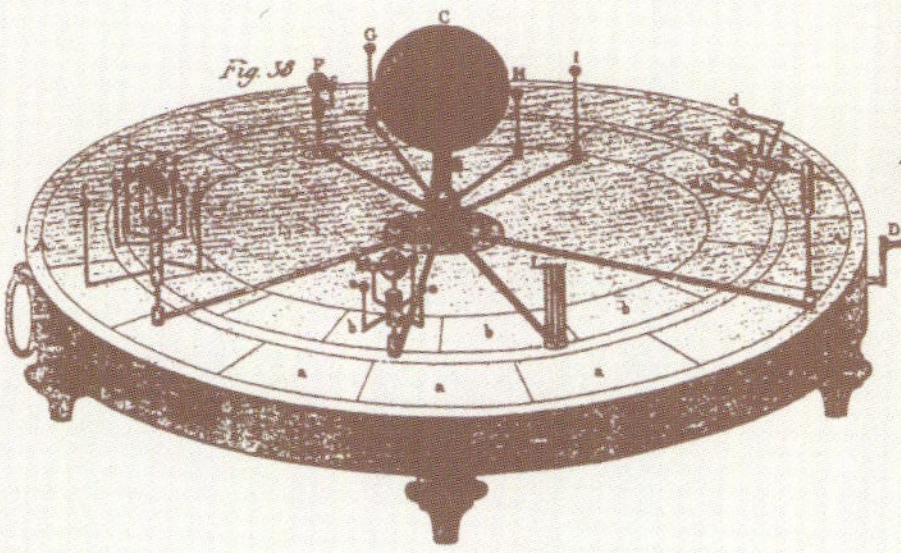

光とは何か?

色の源は光です。太陽の光は、テレビ・ラジオの電波やX線・ガンマ線などと同じ、電磁波の一種です。その電磁波の一部の波長が、人間の目に光として受けとめられます。ほぼ三八〇から七八〇nm(ナノメーター/一〇億分の一メーター)の範囲の波長で、これを可視光といいます。そしてこの範囲内で波長が異なると、人間には色の違いとして感じられます。波長の短い方から、紫・藍・青・緑・黄・橙・赤、となり、もっとも長い波長が赤に感じられるわけです。赤に感じられる波長、つまり七八〇nmよりも長い波長の電磁波は、眼ではキャッチできない、いわゆる赤外線とよばれる電磁波です。逆に、紫よりも短い波長の電磁波が紫外線です。

紫か菫色《すみれいろ》か?

ただ、この「紫外線」という言葉は、必ずしも正確とはいえません。人間に見えるもっとも短い波長の光は、紫というよりもむしろ菫色です。紫を感じさせる光は純粋な太陽光には含まれていません。赤を感じさせる光と青を感じさせる光とを混合したときに初めて、人間には紫に見える光ができるのです。したがって、もっとも短い波長の色名も、〝紫〟ではなく〝菫〟といった方がより厳密です。

虹の原理

さて、雨があがったあとには大気中に水蒸気が立ち込めています。この水滴に太陽の光が当たると虹が見えます。

光は空気から水の中へ入るときに少し折れ曲がるのですが、屈折の程度は光の波長によって少しずつ異なります。長い波長の光の方が屈折率が小さく、波長が短くなればなるほど、光はより大きく屈折するようになります。したがって、太陽の光は大気中の水滴に入ることによって、その屈折率の違い、つまり波長の違いごとに別々に分けられてしまいます。そして、分けられた光がそれぞれの波長固有の色として現れた結果、あのような虹が私たちの目に見えるわけです。

虹は七色か?

こうした虹の原理を、もっと正確にプリズムを使って実験したのがニュートンです。

太陽の細い光をプリズムに入れると、水滴のときと同じように光が波長によって分けられ、虹よりもはるかに鮮明な色の列、つまりスペクトルが現れます。虹あるいは太陽のスペクトルを俗に七色といいますが、これはニュートンがそう報告したためです。スペクトルの色は本来連続していますが、彼はその連続をあえて七つに切ったわけです。巧みにつくられたスペクトルであれば、人間は厳密には一〇〇程度の色の違いを見分けることができます。この連続した変化を、赤・橙・黄…とカテゴリーに分類するところに、色名の面白さと限界とがあるといえます。

(近江)

1. 空や水や火の章

アトランティスの空色

オーローラ(極光)

曙色

曙色《あけぼのいろ》

夜明け前、しだいに白み始めた空は、刻一刻その色を変えます。明け方の東の空の色を表す曙色は浅い黄みの赤。**東雲色**《しののめいろ》ともいいます。中国語の**曙紅**《シューホン》は強い赤です。

江戸時代には曙染めという、裾の部分を少し白く残し、その上を紅や紫や藍などでしだいに濃くぼかしながら染めていく模様染めが流行しました。

曙色も江戸時代に使われるようになった色名です。


十八歳で姿の好い女、曙色か浅緑の簡単な洋服を着て（石川啄木／葬列）

東雲色　曙紅

オーロラ　aurora

オーロラは南極や北極で見られる極光のこともさしますが、本来はギリシャ神話の曙の女神オーロラの名に由来する「夜明け」の意です。色名のオーロラはその空の色を表します。

ドーン・ピンク（dawn pink）も朝焼けの空の色を表す色名です。中国語には**极光紅**《チークワンホン》があります。

ドーン・ピンク　极光紅

サンライズ・イエロー

サンライト・ホワイト

サンシャイン・イエロー

サンライズ・イエロー sunrise yellow

朝日や夕日は光の散乱現象のために赤く見えます。この印象のため、日本では太陽をしばしば赤で表します。しかし、昼間の太陽からは赤みを感じません。欧米では太陽を表す色は赤ではなく黄になります。

英語の色名には、日の出の太陽の色を表すサンライズ・イエロー、輝く太陽のサンシャイン・イエロー（sunshine yellow）、サン・オレンジ（sun orange）、サン・イエロー（sun yellow）、サンライト・ホワイト（sunlight white）などがあります。

因みに、世界の国旗で太陽を象徴したデザインのものは少なくありませんが、日本とマラウイ共和国を除くとすべて、黄色つまり中天の太陽です。日本は旭日、マラウイは夕日の赤です。

サンシャイン・イエロー
サン・オレンジ
サン・イエロー
サンライト・ホワイト

空色

空色 そらいろ

空色は昼間の晴れた空の色を表す、平安時代から使われている古い色名です。空の色や空模様を表す**天色**《てんしょく》という言葉もあります。しかし全体で見ると、天体や気象に関連した日本の伝統色名は、英語や中国語にくらべて格段に少ないといえます。日本人は四季の変化を体験するから、あるいは農耕民族だから、気象に敏感だといわれますが、気象現象にかかわる色名はむしろ貧困です。日本の色名は、物とりわけ植物および染色技術に由来した命名が圧倒的に多いようです。気象現象のように移ろう性質を、色名という概念に固定することを避けたのでしょうか。日本の伝統色名からは、どちらかというと静的な印象を受けます。

天色

スカイ・ブルー sky blue

英語や中国語には、昼間の晴れた空の色を表す色名がたくさんあります。

空色に当たるものにはスカイ・ブルー、スカイ・グレイ（sky grey）、アザー・ブルー（azure blue）、セルリアン・ブルー（cerulean blue）。

ホライズン・ブルー（horizon blue）は地平線の空の色。**ゼニス・ブルー**（zenith blue）は天頂の空の色。**ヘブンリー・ブルー**（heavenly blue）、**セレスト・ブルー**（celeste blue）は神います至高の空の色です。

中国語で空色は**天藍**《ティエンラン》、**井天藍**《チンティエンラン》は水と空の青、**海天藍**《ハイティエンラン》は水平線の青、**虹藍**《ホンラン》は虹の青のように明るい青です。（24・25）

スカイ・グレイ　アザー・ブルー　セルリアン・ブルー
ホライズン・ブルー　ゼニス・ブルー
ヘブンリー・ブルー　セレスト・ブルー
天藍《ティエンラン》　井天藍《チンティエンラン》　海天藍《ハイティエンラン》　虹藍《ホンラン》

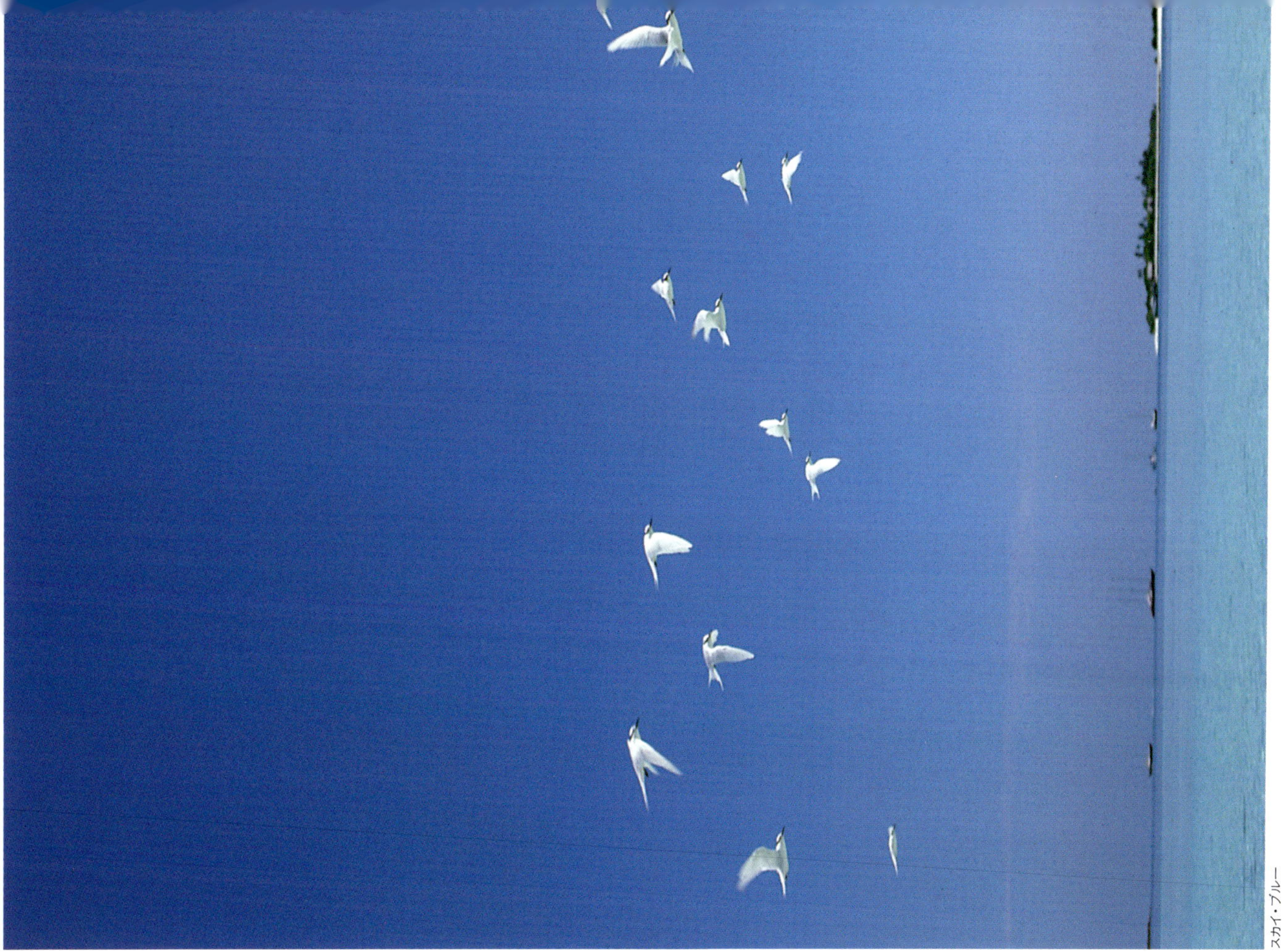

スカイ・ブルー

サンセット sunset

英語では、夕映えの空の色がアフター・グロウ (after glow)、日没の色がサンセットやサンダウン (sundown)。
中国語にも、夕焼けの空の色を表す**落霞紅**《ラオシアホン》、日暮れの雲の色を表す**暮云灰**《ムーユンホイ》があります。
日本語では、夕焼け空を「茜空」とよび、夕映えの色を**夕色**《ゆういろ》、さらに薄暗くなった色を**暮色**《ぼしょく》と表現します。

夕色

僕は今日の夕方、実に珍しく素晴らしい絵画的な効果を見た。……それは驟雨にぬれてきらきらと光り、水の色は黄味のある白と真珠色が混って、リラ色の空と夕日のオレンジ色の帯、町が紫。

（ゴッホの手紙〈硲伊之助訳〉）

アフター・グロウ　サンダウン　落霞紅《ラオシアホン》　暮云灰《ムーユンホイ》　夕色　暮色

ムーンライト・ブルー moonlight blue

月光をイメージするような薄い青を表す色名です。ムーンライト (moonlight)、ムーン・グレイ (moon grey) という色名もあります。
中国語では**月白色**《ユエバイスー》といい、清の時代の有名な小説『紅楼夢』にも登場する色名です。
日本語の**月色**《げっしょく》、**月白**《げっぱく》は月の光の色ですが、月白を「つきしろ」と読むと、月が出ようとするとき空が白むことをいいます。

鳳姐《フォンチェ》は月色の緞子のあわせをまとい（曹雪芹／紅楼夢）

ムーンライト　ムーン・グレイ　月白色《ユエバイスー》　月色　月白

ムーンライト・ブルー

ストーム・ブルー storm blue

「嵐の青」という意味の色名です。
「嵐の夜」のストーミー・ナイト（stormy night）、雷のとどろく嵐の空の色のサンダー・ブルー（thunder blue）という色名もあります。

ストーミー・ナイト
サンダー・ブルー

ミッドナイト・ブルー

ストーム・ブルー

宵藍《シャオラン》

ミッドナイト・ブルー midnight blue

「真夜中の青」という意味の非常に黒に近い暗い灰みの青です。中国語の**宵藍**《シャオラン》は夏の宵をイメージするような浅い青を表す色名です。
日本では、光のない真っ暗な闇は「漆黒の闇」と表現し、英語やフランス語で「白い夜」を意味する「ホワイト・ナイト」や「ニュイ・ブランシュ」は、眠れぬ夜の表現です。

私の心を明るく照らす／青い夜の力をもって、深く／突然割れた雲の裂け目から
月と星空が現われる。〈ヘッセ／夜の感情〈高橋健二訳〉〉

ミスト・グリーン

白霧

ミスト・グリーン mist green

靄《もや》がかかったような緑みの灰色です。濃い霧のフォグ・ブルー（fog blue）、薄い霞のヘイズ・ブルー（haze blue）、曇り空のクラウディ・ピンク（cloudy pink）という色名もあります。

中国語の**远天藍**《ユワンティエンラン》は遠く霞んだ空の色です。

日本語でも、曇った空のようなはっきりしない色を**曇色**《どんしょく》、霞のような色を**霞色**《かすみいろ》といいます。

フォグ・ブルー
ヘイズ・ブルー
クラウディ・ピンク
远天藍《ユワンティエンラン》
曇色　霞色

時雨の色《しぐれのいろ》

「時雨」は「過ぐる」からきた言葉で、「通り雨」の意。晩秋から初冬にかけて降る通り雨です。

時雨の色は、時雨に打たれて色づいた草木の葉の色をいいます。

時雨の色

水色 みずいろ

こくうすく水色なるを下にかさねて（夜の寝覚）

水の色を表す水色も平安時代からの色名です。日本は水の豊かな国です。泉、川、湖、海とまわりにたくさんの水があり、それぞれ歌にも詠まれています。しかし、色名としてとりあげられるものは乏しく、**水浅葱**《みずあさぎ》、**水縹**《みずはなだ》、水柿《みずがき》などの「水」は、水の色ではなく「水で薄めた」といった色の薄さを表す修飾語です。

白鳥はかなしからずや　空の青海のあをにも染まずただよふ（若山牧水／別離）

水浅葱
水縹

川景色

アクア aqua

英語の水に関連した色名は豊富です。一般的な水の色はウォーター・ブルー（water blue）、ウォーター・グリーン（water green）、アクア、アクア・グリーン（aqua green）。泉の色はファウンテン・ブルー（fountain blue）。水煙の色はスプレイ・グリーン（spray green）。リバー・ブルー（river blue）は川の水の色。ナイル・ブルー（Nile blue）はナイル川の色。

中国語では湖の色を**湖緑**《フーリュー》、**湖藍灰**《フーランホイ》といいます。

ウォーター・ブルー　リバー・ブルー
ウォーター・グリーン　ナイル・ブルー
アクア・グリーン
ファウンテン・ブルー　湖緑
スプレイ・グリーン　湖藍灰

水色の空・空色の水

オーシャン・グリーン

オーシャン・グリーン ocean green

海の色は英語でシー・ブルー (sea blue)、シー・グリーン (sea green)、オーシャン・グリーン。トリトン・グリーン (Triton green)、ネプチューン・グリーン (Neptune green) は海の神の名に因んだ色名。ノース・ブルー (norse blue) はツンドラ地帯の、フィヨルド・ブルー (fiord blue) は北欧のフィヨルドのいずれも冷たい灰みの青です。マリン・ブルー (marine blue) は海の色からではなく、船員の制服の色からきた色名です。

中国語では**海藍**《ハイラン》が海の青を表す色名です。

アーマードー：こら、はっきりといってくれ。え、どんな顔色ぢや?

モート：海水色です。碧《みどり》です。(sea-water green)

(シェイクスピア／恋の骨折損〈坪内逍遥訳〉)

シー・ブルー　シー・グリーン

トリトン・グリーン

ネプチューン・グリーン

ノース・ブルー　フィヨルド・ブルー

マリン・ブルー　海藍《ハイラン》

サーフ・グリーン surf green

波の色からの色名もあります。サーフ・グリーンは寄せる波、リップル・グリーン(ripple green)はさざ波、シー・クレスト(sea crest)は波頭からイメージされるような灰みの緑です。セラドン・グリーン(celadon green)、セラドン・グレイ(celadon grey)は怒濤する海の波の色です。

リップル・グリーン
シー・クレスト
セラドン・グリーン
セラドン・グレイ

サーフ・グリーン

グラン・ブルー

スノー・ホワイト snow white

自然界には純白のものは少なく、英語でも日本語でも雪は白さを表す言葉としてたびたび使われます。

スノー・ホワイトは雪のような純白の色を表す、もっとも古い色名のひとつです。積もった雪の影に見られるような冷たく薄い青みの緑をスノー・グリーン (snow green)、霜の色はフロスティ・ホワイト (frosty white)、フロスティ・グレイ (frosty grey) といいます。

中国語の雪白《シュエバイ》は雪のような灰色を表す色名です。

日本語の雪色《せっしょく》、雪白《せっぱく》も白さを形容する言葉です。

スノー・グリーン
フロスティ・ホワイト
フロスティ・グレイ
雪白
雪色
雪白

フロスティ・ホワイト

スノー・ホワイト

アイス・グリーン ice green

氷のような冷たく浅い青緑を表す色名に、アイス・グリーン、アイス・ブルー (ice blue) があります。氷山の影に見える色はアイスバーグ・グリーン (iceberg green) といいます。

アイス・ブルー
アイスバーグ・グリーン

アイス・ブルー

原始の色／火山の噴火

火色

ファイア・レッド fire red

火の色を表す色名で、十四世紀ころからの古い色名です。炎に由来するフレイム (flame) も十六世紀ころから使われていた色名です。フランス語ではフー (feu)。ところで、たき火の炎が遠くからでも目に入りやすいように、赤には遠方からでもその色を識別しやすいという性質があります。そのため、危険や禁止を表す色として交通信号に用いられ、シグナル・レッド (signal red) という赤信号の色をさす色名もあります。

……東の天門が全然《まるで》火のやうに真紅《まつか》に(fiery-red)押開かれて、綺麗な、有りがたい日光が大海原の上を照らして、其緑色の潮流を黄金色に変らせる時刻……

(シェイクスピア／真夏の夜の夢〈坪内逍遥訳〉)

フレイム　フー
シグナル・レッド

緋色《ひいろ》

茜染めのわずかに黄みをおびた鮮やかな赤をさす色名ですが、もとは**緋**《あけ》、**真緋**《あけ》といい、明るさを意味する「あか」と同じ意味を持っていました。火に通じ**火色**《ひいろ》とも書きます。また「火」を「思ひ」の「ひ」にかけて**思ひの色**《おもひのいろ》ともよばれます。熱い情熱をたとえたものでしょう。

英語のスカーレットに当たります。

玉くしげ二年会はぬ君が身を　緋《あけ》ながらや
はあらむと思ひし(後撰和歌集)

緋　真緋　火色　思ひの色

スモーク・ブルー smoke blue

煙の色を表すスモーク・ブルーは明るい灰みの青。スモーク・グレイ (smoke grey) という色名もあります。

スモーク・グレイ

灰色／火事になったクヌギ林

灰色《はいいろ》

白と黒との間の無彩色の総称ですが、色名として定着するのは明治以降のようです。それ以前は鼠色です。火事で灰になってしまうことから「灰」を忌んだためともいわれます。英語ではグレイですが、アッシュ・グレイ（ash grey）はわずかに黄みないし緑みによった灰色です。

中国語でも「鼠」ではなく「灰」ですが、燃え残りの灰の色からの**烬灰**《チンホイ》などの色名があります。

灰を水に浸したときの上澄液である灰汁《あく》から**灰汁色**《あくいろ》という色名もあり、わずかに黄みを含んだ灰色です。灰汁は古代から、代表的な媒染剤として用いられてきました。

アッシュ・グレイ　烬灰《チンホイ》　灰汁色

消炭色《けしずみいろ》

人類は木などを燃やして暖をとってきたわけですから、炭はどの民族にとっても身近な存在でした。

炭の色は英語では**チャコール・グレイ**（charcoal grey）、中国語では**灯草灰**《タンツァオホイ》。日本には消炭色という色名があります。

チャコール・グレイ　灯草灰《タンツァオホイ》

墨色《すみいろ》

木などを焼いた炭や煤は、もっとも古い染料、絵の具のひとつです。ラスコー洞窟の壁画で使われている黒も、木や骨を焼いた炭を獣脂にまぜて塗ったものです。

ランプ・ブラック（lamp black）、**カーボン・ブラック**（carbon black）は煤からつくった黒い顔料の色を表す色名です。

東洋では、油煤や松煤を膠《にかわ》で練って固めて墨をつくり、書や水墨画などの文化が生まれました。中国では、墨の色を表す色名は**油烟墨**《ユーイエンモー》です。また、墨の微妙な差を分けて、焦、濃、重、淡、青の五彩と称しました。

日本では墨のような灰みの黒を墨色、墨を薄めたような色を**薄墨色**《うすずみいろ》といいます。墨色に染めた色の**墨染**《すみぞめ》は、古くは下位の服色、僧の衣の色でした。煤のような**煤色**《すすいろ》、いぶした色を表す**燻色**《ふすべいろ》という色名もあります。

おほけなくうき世の民におほふかな　わが立つ杣に墨染めの袖（前大僧正慈円・千載集）

ランプ・ブラック
カーボン・ブラック　油烟墨《ユーイエンモー》
薄墨色　墨染　煤色　燻色

コラム2

空の色・海の色・炎の色

雲や水しぶきはなぜ白いか？

光が大気中で小さな粒子に当たると、進む方向が不規則に変わって散らされます。この現象は乱反射・散乱とよばれ、雲の色や水しぶきの色などに深くかかわっています。

霞・霧・雲などは水蒸気、つまり水滴の集まりです。その水滴に光が当たると、光は散乱します。しかし、水蒸気は粒子がある程度大きいので、可視光のすべての波長を均等に散らします。つまり赤～菫までのすべての色を反射し混ぜ合わせるわけですから、雲などは白っぽく見えます。

曇り空のもとで降る雪が灰色に見えるのも、やはりあらゆる波長を均等に散乱したためです。ただ、光の量が少ないので暗くなり、白ではなく灰色に見えるわけです。

荒海の波頭が白く見えるのも、同様に砕け散った水滴で光が散乱するためです。

空はなぜ青いか？

しかし、水蒸気などよりも粒子がさらに小さくなり、光の波長と同じあるいはそれ以下の微粒子では散乱のしかたが変わります。つまり、すべての波長を均等にではなく、特定の波長帯を選んで散乱するのです。具体的には、長波長（赤や橙など）よりも短波長（青や菫）の方が効率よく散乱されます。

大気中にはチッ素・酸素のほかに、炭酸ガスやアルゴンも微量ですが含まれています。また、塵・水蒸気も浮遊しています。これらの微粒子に太陽の光が当たると、短波長、つまり青く見える光があらゆる方向に散乱します。その光が私たちの目に届くので、空は青く見えるわけです。大気圏を離れた宇宙には微粒子が存在しませんから、宇宙飛行士が見る世界は暗い中に太陽が浮かんでいることになります。だいたい一五〇㎞も上空に上がれば、空は暗黒になるようです。彼らに「地球は青かった」と見えたのは、地球をとりまく大気で散乱した光を見たためです。そのために、地上から見たのと同様に青かったわけです。

中央アルプスの蒼空と白雲

夕日はなぜ赤いか？

朝日や夕日が赤いのも、やはり光の散乱のせいです。地上から垂直方向を見上げるときよりも、水平方向を見るときの方が、より長く大気層を通ってきた光を見ることになります。その間に短波長の光は散乱を重ね、残った長波長の光、つまり赤く見え

大気圏外から月を見る

る光が私たちの目に到達し、朝日や夕日を見せてくれるわけです。また、朝日にくらべると夕日の方がより赤みが強く感じられるのがふつうですが、これは大気中の浮遊物の量の違いによります。朝はまだ大地が温まっていないので、それほど多くの微粒子は浮遊していませんが、夕方になると微粒子は増加します。その微粒子の増加によって、青に見える短波長に加えてさらに長波長よりの緑や黄に見える波長までもが散乱し、結果、著しく波長の長い、つまりよりはっきりと赤く見える光だけが残り、私たちの目に入るというわけです。

海はなぜ青いか?

海や湖の水の青についても同様です。つまり、透明なはずの水の中にも微粒子がたくさん浮遊しており、その微粒子によって、水中に入った光のうちの短波長光が散乱させられるのです。私たちに見えるのは、その散乱した青い光です。ただ、海などには、空と違って海底の砂や、より大きな粒子や物体など、散乱を起こさない物質が数多くあります。したがって、これらの物質によって反射された光が散乱光と混ざり合うため、空にくらべると緑みが強く見えるのがふつうです。

本当の空色とは？

以上のようなわけですから、本当の空の色など決めようがありません。微粒子の状況によって、見える色がどんどん変化するのですから。もちろん、地域によっても、高度によっても空の色は変わります。空の場合、水平線から天頂に近づくにしたがって明るさは低下しますが、鮮やかさは増します。色みは天頂の方がわずかに紫みによります。

しかし、何とか〝本当の空色〟を見極めようとしたアメリカの色名辞典編者は、次のような条件をつけています。夏の晴天の一〇時から一五時の間、水蒸気や塵の少ない状態で、ニューヨークから五〇マイル以内の上空を、厚紙にあけた直径一インチの穴から約三〇cm離れて覗いたときの色――それをいわゆる「スカイ・ブルー」としたのです。

確かに、こうやっても空の色は見えるでしょうが、はたして『智恵子抄』の智恵子が「本当の空」と満足するかどうかはわかりません。

炎の色

ところで、太陽は私たちに光を与えるだけでなく、熱をもたらします。そしてこの熱も、光の色と深いかかわりがあります。つまり、光源の温度が変わると光の色も変化するのです。熱と光の色との関係を厳密に定義したうえで、光源の色の違いを温度で表現したものを色温度といいます。暗い赤→赤→オレンジ→黄→白→青白と変化するにしたがって色温度が高くなります。たとえば、陶工は窯の中の温度を炎の色から判断しますが、これなどは色温度を利用した知恵といえるでしょう。

西洋の画家たちは、色みの違いを暖色・寒色という言葉で語ってきました。水道の蛇口に赤いしるしがあればお湯、青いしるしは水と、たいていの人が感じるでしょう。このような色から受ける暖寒の印象と色温度とは一致してはいません。色温度は赤みの方が低く、青みの方が高いわけですから。

また、英語の色名に ember(残り火)red と petrol （ガソリン） blueがありますが、前者はブラウンみの赤、後者は緑みの青です。もし、この二つの色見本を与えて、どちらが暖かい印象があるかと質問すれば、当然 ember redの方が選ばれるでしょう。人類の火との長いつきあいの歴史が、このような印象を形成したのでしょう。英語のfire red、フランス語のfeu は、赤みのオレンジをさす古い色名ですし、漢字の「赤」も「大＋火」の会意文字です。やはり火＝赤＝暖の結びつきはかなり根強いようです。

（近江）

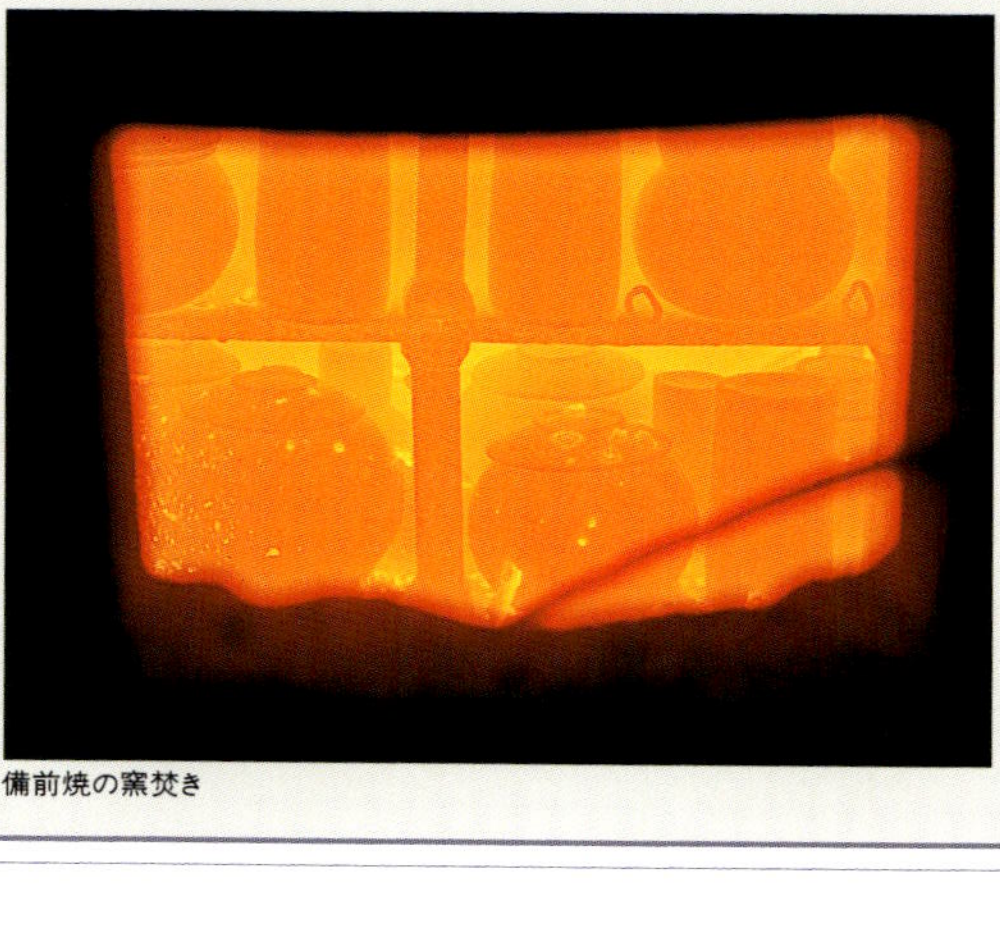

備前焼の窯焚き

2. 鳥や獣や虫の章

桜色の水面を行くオシドリのオス

鴇色《ときいろ》

トキの学名はNipponia nippon。江戸時代までは日本の各地でよく見られる鳥でしたが、明治以降、乱獲や環境汚染のため急激にその数が減り、もはや絶滅しつつあります。

鴇色はトキが飛ぶときに見せる風切羽の色に似たピンクで、女性の和服によく用いられる色でした。**朱鷺色**、**時色**とも書きます。

鴇色《とき》に銀の雨を刺す針差を裏に

（夏目漱石／虞美人草）

この鴇色の羽は古くから珍重され、伊勢神宮では儀式で使う太刀の柄の飾りとして、今も使われています。

現在では、鴇色と聞いてこの風切羽の色を思い浮かべることのできる人は、多くはないでしょう。日本でトキが絶滅するときには、この色名もまた失われていくのでしょうか。

鴇色／トキ

トキの風切羽

黄鴨色《ホワンヤースー》

フラミンゴ flamingo

フラミンゴの語源は、ラテン語で「炎」を意味する「flamma」。羽の赤い色に由来します。色名のフラミンゴはその脚や羽毛の色からとられた黄みのピンクです。

彼の前を血に染んだ旗のように／色鮮やかなベニヅル(flamingoes)が飛んだ。(ロングフェロー／The Slave's Dream〈加藤憲市訳〉)

フラミンゴ

鴨の羽色《かものはいろ》

マガモは『古事記』にも登場する鳥で、日本には冬鳥として飛来します。オスは、頭部や翼鏡《よくきょう》とよばれる羽の色が目立ちます。鴨の羽色はその色に由来する強い緑みの青です。

みづどりの鴨の羽の色の春山の　おぼつかなくも思ほゆるかも(笠女郎・万葉集　巻八)

中国語の**黄鴨色**《ホワンヤースー》は茶系の色です。

ダック・ブルー duck blue

ダックは、カモやアヒルなどガンカモ科マガモ属の鳥をさします。カモはヨーロッパでは二千年以上前から飼育されていました。

ダック・ブルーはマガモの羽のような強い緑みの青、**ティール・グリーン** (teal green) はコガモの羽の色、**グース・グレイ** (goose grey) はアヒルやガチョウの糞のような色です。

ティール・グリーン
グース・グレイ

鴨の羽色／マガモ

翠色《みどりいろ》

カワセミは水辺に生息するカワセミ科の鳥で「翡翠」と書き、「ひすい」とも読みます。その羽は古くからかんざしなどの装飾品や、翠被《すいひ》という服としても利用されました。

「翠」はカワセミなどの「緑色の羽の鳥」のメスを意味し、「翡」はそのオスを意味します。翠色はそれらの羽のような青みの緑色です。

日本語の「みどり」はカワセミの古名「そにどり」から転じたという説もあります。「そにどりの」は「あを」にかかる枕詞です。

都市化のために都会から姿を消しつつあったカワセミですが、緑と水辺を回復させたところには、徐々にその美しい姿が戻って来ています。

翠色／カワセミの雌雄

ジェイ・ブルー

jay blue

ジェイはカラス科のカケス。カケスのなかまには青い羽を持つ鳥が多く、ジェイ・ブルーはカケスの青い羽からつけられた色名で、明るい緑みの青です。

ブルー・ジェイは北アメリカに生息するカケスです。

ジェイ・ブルー／ブルー・ジェイ

鶯色《うぐいすいろ》

ウグイスは「春告げ鳥」ともよばれており、『万葉集』には五十首以上も詠まれています。

鶯色はウグイスの羽のようなくすんだ黄緑です。色名として使われるようになったのは江戸時代で、海松《みる》とならんでオリーブ系の代表的な色名です。茶みの**鶯茶**《うぐいすちゃ》も、当時の茶系の流行にのって広く普及しました。

春知り顔に、七つ屋の蔵の戸出づる鶯茶の、布子の袖を摺れ縺れ
（近松門左衛門／山崎与次兵衛寿の門松）

鶯茶

鶯色／レンギョウにウグイス

雀色《すずめいろ》

スズメの頭や羽の色からつけられた灰みの茶色で、**雀頭色**とも書きます。

スズメは人里にすむ鳥で、『古事記』にも記されていますが、色名として用いられ始めたのはそれほど古くはなく江戸時代ころからです。

夕暮れ時のことを雀色時《すずめいろどき》といいます。（46・47）

おのづから道急ぐ馬士唄の竹にとまる雀色時、やうやう蒲原の宿にいたる（東海道中膝栗毛）

雀頭色

鶸色《ひわいろ》

マヒワの羽の色からつけられた明るい黄緑色で、着物の色の形容などに使われます。

マヒワはスズメ目アトリ科。スズメほどの大きさで、秋に大群で北から渡って来ます。

それはひわいろのやはらかな山のこっちがはだ
（宮沢賢治／春と修羅）

緑みが強くなると**鶸萌木**《ひわもえぎ》、茶みが加わると**鶸茶**《ひわちゃ》といいます。

鶸萌木　鶸茶

鶸色／マヒワ

雀色／スズメ

カナリー／キマユカナリア

カナリー canary

カナリア色

英語の色名で、日本語では**カナリア色**です。

カナリアはアフリカ北西部のカナリア諸島原産。十六世紀ごろヨーロッパに持ち帰られ飼われ始めました。声が美しく飼育も簡単なので各国で飼育が流行し、日本にも十八世紀に渡来しました。

カナリア色は、その羽の色からつけられた明るい黄色です。カナリア諸島の野生種はくすんだ黄色に褐色の模様がありますが、色名は飼育品種のような鮮やかな色です。

パロット・グリーン parrot green

鸚鵡緑《インウーリュー》

オウムは、熱帯と南半球に広く分布しています。色が美しく、ものまねが上手なのでヨーロッパでは紀元前から飼われています。

パロット・グリーンはオウムの羽のような黄緑色。中国語の**鸚鵡緑**《インウーリュー》もオウムの羽の色で、古代の女性の服飾に用いられた色です。

パロット・グリーン／セキセイインコの群れ

ピーコック／インドクジャクの羽

ピーコック peacock

インドクジャクのオスの羽は光の干渉現象によって青にも緑にも見えます。ピーコック、ピーコック・ブルー (peacock blue)、ピーコック・グリーン (peacock green) はいずれもその羽の色です。中国語では**孔雀藍**《コンチュエラン》。

インドクジャクはヒンズー教では聖なる鳥ですが、ヨーロッパでは羽を広げた姿から高慢の象徴とされ、英語のピーコックには「虚栄家」という意味もあります。

ロビンズ・エッグ・ブルー robin's egg blue

ロビン（ヨーロッパコマドリ）の卵の殻のような色です。

ロビンはヨーロッパでもっとも親しまれている鳥のひとつで、イギリスの国鳥です。胸の毛が赤いのは、磔刑にされるキリストの頭からイバラの刺を取ろうとして、その血で赤く染まったのだとする伝説があります。

ロビン

ロビンズ・エッグ・ブルー／ロビンの卵

鳥の子色《とりのこいろ》

鳥のこいろのかたびらの、かたのくわっとさけたるに(虎明本狂言・吃)

ニワトリの卵の殻の色からとられた薄い黄色で、平安時代から使われている古い色名です。現在多い白色レグホンの白い卵ではなく、薄茶がかった卵の色です。英語では**エッグシェル**(egg-shell)。

玉子色《たまごいろ》は玉子の黄身の色をさします。

鳥の子色／チャボのふ化

エッグシェル
玉子色

鳶色《とびいろ》

トビはワシタカ科の小型の猛禽類。人里でもよく見かける鳥です。

鳶色はトビの羽の色からつけられた色名で、灰みの茶色。瞳の色の形容などにも使われます。

江戸時代の茶系の代表的な色名のひとつで、鳶色から**鳶茶**《とびちゃ》、**黒鳶**《くろとび》、**藍鳶**《あいとび》など多くの色名が生まれました。

秋が黄に紅に紫に鳶色にあらゆる彩色の限りを尽くした落葉木の
(徳富蘆花／思い出の記)

鳶茶
黒鳶
藍鳶

鳶色／トビの親子

山鳩色《やまばといろ》

キジバトの首から背にかけての羽毛のような灰みの緑です。
ハトに因んだものとしては、ほかに**鳩羽色**《はとばいろ》、**鳩羽鼠**《はとばねず》、**鳩羽紫**《はとばむらさき》という色名もあります。

　山鳩色の御衣に、びんづら結はせ給ひて御涙におぼれ（平家物語）

英語に、ハトの血を表す**ピジョンズ・ブラッド**（pigeon's blood）という色名があり、最高級のルビーの赤です。長い間ハトを狩猟の対象としてきたヨーロッパならではの色名といえるでしょう。

鳩羽色　鳩羽鼠
鳩羽紫
ピジョンズ・ブラッド

山鳩色／キジバトの親子

濡烏《ぬれがらす》

カラスの羽のような黒です。**烏羽色**《からすばいろ》、**濡**《ぬ》**れ羽色**《ばいろ》ともいいます。日本の女性の黒い髪の形容に「髪は烏の濡れ羽色」という表現があります。
水に濡れて少し光って見える色を、**濡**《ぬ》**れ色**《いろ》といいますが、濡れ色は同じ色がより暗く見えるので、濡烏はカラスの羽の黒さを強調した表現です。
英語の**レイブン**（raven）はワタリガラスからとられた色名です。

　雪より白いが上等リンネル、鴉もそこのけ、真黒縮緬……（シェイクスピア／冬の夜ばなし〈坪内逍遥訳〉）

烏羽色　濡れ羽色　濡れ色　レイブン

濡烏／ハシブトガラスの親子

狐色／キタキツネの仔ギツネ

狐色《きつねいろ》

キツネの毛のような色。ヨーロッパにくらべて動物に由来する色名の少ない日本でも、キツネは身近な動物だったのでしょう。江戸時代には色名として使われています。英語では**フォックス**（fox）。中国語では**紅狐色**《ホンフースー》です。
日本語の狐色は食べ物がこんがり焼けたときの形容に使いますが、英語のフォックスは、書類などが日焼けやしみで変色するときの形容に使います。

フォックス
紅狐色《ホンフースー》

駱駝色《らくだいろ》

「砂漠の船」とよばれるラクダの家畜化の歴史は古く、四千年以上前といわれています。荷物の運搬のほか、毛は毛織物として利用しました。
駱駝色も英語の**キャメル**（camel）もラクダの毛のような浅い茶色。「らくだのシャツ」というように衣服の色の形容に使われます。中国語では**駱駝色**《ルオトゥオスー》。

キャメル
駱駝色

駱駝色／ヒトコブラクダ

ベージュ beige

ヒツジはウシよりも早く家畜化されたといわれ、その毛である羊毛は人類がもっとも早く利用した繊維です。

ベージュはフランス語で自然のままの羊毛、つまり未漂白、未染色のウールをさします。同様の意味をもつ言葉としては、やはりフランス語の**エクリュ**(écru)があり、この方が古く、十九世紀後半から染色業者の間で用いられていたようです。エクリュは「生のまま」という意味で、未加工の「素」のままの状態のことをさします。

今日ではベージュはブラウンの薄い色全般を表す基本的な色名で、**ピーチ・ベージュ**(peach beige)、**サンド・ベージュ**(sand beige)などの色名もあります。

ベージュ／ヒツジの親子

エクリュ
ピーチ・ベージュ
サンド・ベージュ

牧羊

シャモア

シャモア chamois

ヨーロッパの山岳地帯にすむシャモアは、険しい岩場に生息しています。スイスやチロル地方の人々は昔からシャモアを狩り、肉も皮も珍重していました。

色名のシャモアはその毛皮の色をさすフランス語で、濃い黄みの茶色。毛皮の色から、なめした革の色のことをもさすようになっています。

フォーン fawn

旧石器時代からシカは人類の狩猟の対象で、洞窟壁画などにも描かれています。フォーンは仔ジカ、特にヨーロッパで古くからシカ猟園で飼われていた、ダマジカとよばれるシカの一歳児をさします。

色名のフォーンはその毛皮のような浅い茶色です。

スウェード suede

有史以前からヒツジやウシやウマを飼育してきたヨーロッパには、動物の皮の色から生まれた色名がたくさんあります。

スウェードは、もとは内側をけば立たせたヤギや仔ウシの柔らかいなめし革をさし、その皮の色が色名になりました。

フォーン／ダマジカの仔

バフ buff

バフはバイソン（バッファロー）など野牛の色を表す色名から、そのもみ革の色をさすようになった色名です。（56・57）

ミミナガヤギ

オックスブラッド oxblood

牡ウシの血の色を表す濃い黄みの赤です。牡ウシの心臓の色のオックスハート(oxheart)も同じような色をさし、サクランボの品種名にもなっています。

肉食の文化が生んだ色名といえるでしょう。

オックスハート

ヘルフォード(肉牛)

ミルク・ホワイト milk white

ヤギやヒツジを飼育し始めた一万年ほど前から、人類にとってミルクは大切な食料のひとつです。

ミルクの色からとった色名は、英語ではミルク・ホワイト。十世紀には使われていた古い色名のひとつです。中国語では**乳白色**《ルーバイスー》、日本語では**乳白色**《にゅうはくしょく》です。

其キューピットの放した矢は、西国の或小さい草の花に落ちて中《あた》り、乳白(milk-white)であった其花が、それからは、恋の手傷の為に、赤紫色になった……

(シェイクスピア/真夏の夜の夢〈坪内逍遙訳〉)

乳白色　乳白色

クリーム cream

人類は、ミルクを加工してクリームやバターやチーズなどをつくってきました。

乳製品が生活の中で欠かせないヨーロッパでは、クリームの色も基本的な色名のひとつです。

色名のクリームは乳脂の色で、薄い黄色をさします。**クリーム・イエロー**(cream yellow)は浅い赤みの黄色、日本語の**クリーム色**《いろ》はカスタード・クリームのような薄い赤みの黄色です。

クリーム・イエロー　クリーム色

乳を飲むホルスタイン(乳牛)の赤ちゃん

バフ／アメリカバイソン

アイボリー ivory

人がゾウからその牙を奪ってきた歴史は古く、古代ローマの皇帝ネロは宮殿の天井に象牙の装飾をほどこしたといいます。日本にも七世紀に象牙が渡来したという記録があります。象牙の色をさす色名アイボリーも十四世紀には使われていた古い色名です。日本語では**象牙色**《ぞうげいろ》、中国語では**牙黄**《ヤーホワン》。アイボリー・ブラック（ivory black）は象牙を焼いた黒い顔料の色です。

象牙色　牙黄《ヤーホワン》
アイボリー・ブラック

アイボリー／アフリカゾウの群れ

トープ taupe

トープはフランス語でモグラ。モグラの色のような暗い茶みの灰色です。日本にも古くからモグラは生息していますが、畑を荒らす害獣としてモグラを追う「土竜打《もぐらうち》」という行事があるくらいで、色名にはなりませんでした。

トープ／アズマモグラ

鼠色《ねずみいろ》

人とネズミは、人が穀物の貯蔵を始めたときからの古いつきあいです。そのネズミに因んだ鼠色は白と黒との間のいわゆる灰色。「灰」からのいまわしい火事の連想を避けて、江戸時代にはもっぱら「鼠」が用いられました。この時代には「四十八茶百鼠」といわれるように、暗い色や色みをおさえた色が用いられ、鼠は流行色の一方の雄でした。鼠色からは、**素鼠《すねず》**、**茶鼠《ちゃねず》**、**藍鼠《あいねず》**、**白鼠《しろねず》**などのほか、**深川鼠《ふかがわねず》**や**鴨川鼠《かもがわねず》**など町に因むもの、**利休鼠《りきゅうねず》**、**源氏鼠《げんじねず》**や**小町鼠《こまちねず》**など人物に因むものなど多くの色名が生まれました。

英語の**マウス・ダン**（mouse dan）は十五世紀からの古い色名ですが、にぶい茶色です。

鼠色／ハツカネズミ

素鼠　茶鼠
藍鼠　白鼠
深川鼠　鴨川鼠
利休鼠　源氏鼠
小町鼠
マウス・ダン

蜥蜴色《とかげいろ》

トカゲはトカゲ科の爬虫類。古くはカナヘビ科のカナヘビも「トカゲ」とよばれていました。

蜥蜴色は、経糸を浅黄か萌木色、横糸を赤で織った織り色の名です。光の当たり具合で、横糸の赤が交叉して見え、トカゲの色に似ていることに由来します。

あはせの事……又人の好みによりてひはだ色玉むし色きねりぬきとかげ色などをも着候（貞順豹文書）

蜥蜴色／若いトカゲ

猩々緋《しょうじょうひ》

猩々はオランウータンをさしますが、ここでは中国の空想上の獣です。顔は人間に似、声は小児のようで髪は長く赤い。酒を好み、その血はたいへん赤く、インド人はその血で紅を染めるといわれていました。能に登場する、あの猩々です。猩々の血のような強い赤を猩々緋といいます。

猩々緋の道中羽織白い所は髪斗（浄瑠璃　丹波与作待夜の小室節）

肌色《はだいろ》

肌の色を表す肌色の古い名は宍色《ししいろ》。もとはイノシシやカモシカなどの肉の色をさす色名でした。英語で肌の色を表す**フレッシュ**（flesh）も、もとは肉の意味です。

宍色　フレッシュ

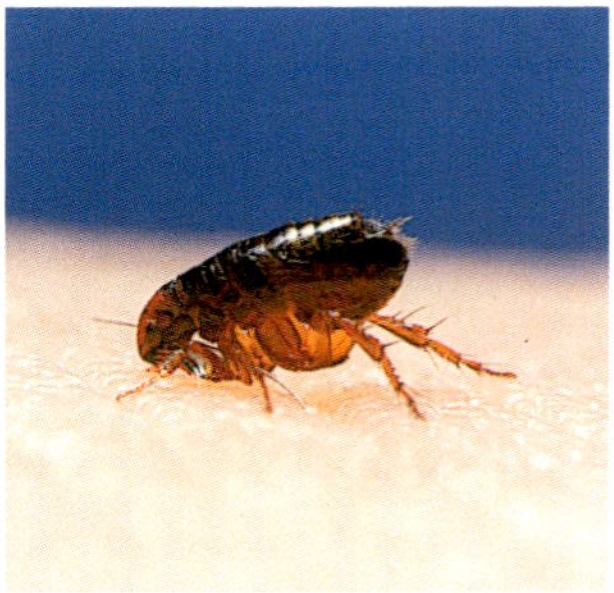

ピュース／ノミ

スカラブ・ブルー　scarab blue

スカラベ（タマオシコガネ）をかたどった古代エジプトの装飾品や彫刻の色で、暗い青です。

スカラベは動物の糞を玉にして運んで食べ、またそれを土に埋めて卵を産み、幼虫のえさにします。

古代エジプトでは聖なる虫でした。回して運ぶ玉が太陽に通じ、土の中から新しい成虫が生まれることから、スカラベは永遠の命の象徴とされ、神殿や王の墓に彫られ、その装飾品は不死を祈る儀式に使われました。

ピュース　puce

ピュースはフランス語でノミ。十四世紀からの古い色名で、血を吸ったノミの色を表す暗い赤です。英語のノミ、**フリー**(flea)も同じ色をさす色名です。

ノミは、小さくて軽蔑すべきもののたとえにされる反面、童話では愛嬌者としても登場します。家畜を飼う生活の中で、身近な存在なのでしょう、シェイクスピアも「人に馴染み深い生きもの」といっています。

フリー

スカラベ（アフリカタマオシコガネ）

玉虫色／タマムシ

玉虫色《たまむしいろ》

タマムシの翅《はね》は、光の干渉現象のために見る角度によって緑色や紫色に見えるので、「玉虫色の表現」という言葉があります。

平安時代に使われている玉虫色は、タマムシの翅のような色をさし、**虫襖《むしあお》**、**夏虫色《なつむしいろ》**も同じ色をさすのではないかといわれています。

指貫《さしぬき》はむらさきの濃き。萌黄。夏は二藍。いと暑きころ、なつむしの色したるも　すずしげなり（枕草子）

虫襖
夏虫色

カイコガの繭

練色《ねりいろ》

中国で絹が生まれたのは今から四千年ほど前といわれています。その後、絹織物はシルクロードを通ってギリシャ、ローマへも伝わりましたが、その製法は厳しく秘密にされていました。

日本に養蚕の技術が伝わったのは三世紀ごろです。

繭を煮てとり出した生糸を、手で練りあげて膠質《にかわ》を落とし、柔らかくしたものが練糸です。この練糸をさらに漂白、染色するわけですが、漂白する前のわずかに黄みをおびた色を練色といいます。

きよげなるもの……衣のなへたるは、いづれもいづれもきたなげなる中に、ねり色の衣こそきたなげなれ（枕草子）

セピア／墨を吐くヤリイカの幼イカ

セピア sepia

イカは、身に危険がせまると墨を吐いて敵の目をくらまします。このイカ墨は、古くから乾燥させて顔料とし、水彩画などに用いられました。

セピアはそのイカ墨の色で、暗い灰みの茶色です。写真のプリントにセピア調が好まれた時代もあり、「セピア色の写真」は古きよき時代を感じさせる言葉として用いられます。

カラフトマス（ピンクサーモン）

鮭色　乾鮭色

サーモン・ピンク salmon pink

サケの身のような黄みのピンク。十八世紀には色名として使われています。日本語では**鮭色**《さけいろ》。

サケは日本でも古くから食用にされ、干して乾燥させた乾鮭は『今昔物語』や芭蕉の句などにも登場し、**乾鮭色**《からさけいろ》という色名もあります。

海老茶 えびちゃ

本来はエビカズラという植物の実の色であった葡萄色《えびいろ》の「えび」が「海老」と混同されて、イセエビの殻のような暗い茶色を表す海老茶という色名が使われるようになったのは近代になってからです。明治の女学生の袴の色として普及し、彼女たちは俗に「海老茶式部」とよばれました。

英語のシュリンプ・ピンク (shrimp pink) はゆでたエビのようなピンクですが、中国語でエビの殻の色を表す**青蝦色**《チンシァスー》は灰みの青です。

シュリンプ・ピンク　青蝦色

オイスター／マガキ

オイスター oyster

カキは、極洋を除く世界中の海の浅い水辺に生息しているので、古くから各地で食用にされました。英語のオイスターには「口の堅い人」の意味もあります。

色名のオイスターはカキの身や貝殻の内側の色で、黄みの灰色です。白に近い色はオイスター・ホワイト (oyster white) です。

オイスター・ホワイト

海老茶／イセエビ

シェル・ピンク shell pink

ある種の海の貝殻の内側の色とも、サクラガイの色ともいわれています。

サクラガイは古くから日本にも生息し、その色の美しさから紅貝、花貝ともよばれて歌にも詠まれましたが、日本では色名にはなりませんでした。

パール・ホワイト pearl white

ただ年若い人魚が一人ぐっすりと眠っているばかりであった。……その身体は白い象牙のようであり、尾は銀と真珠の色であった。（オスカー・ワイルド／漁夫とその魂〈林原耕三・八木毅訳〉）

真珠は古代から装飾品として珍重され、貴重なものや美しいもののたとえに使われ、シェイクスピアは朝露や涙にもたとえています。

真珠の色から生まれた色名はパール・ホワイトのほか、パール・グレイ（pearl grey）、パール・ブルー（pearl blue）などがあります。日本語の**真珠色**《しんじゅいろ》はわずかに灰みの白です。

パール・グレイ　パール・ブルー　真珠色

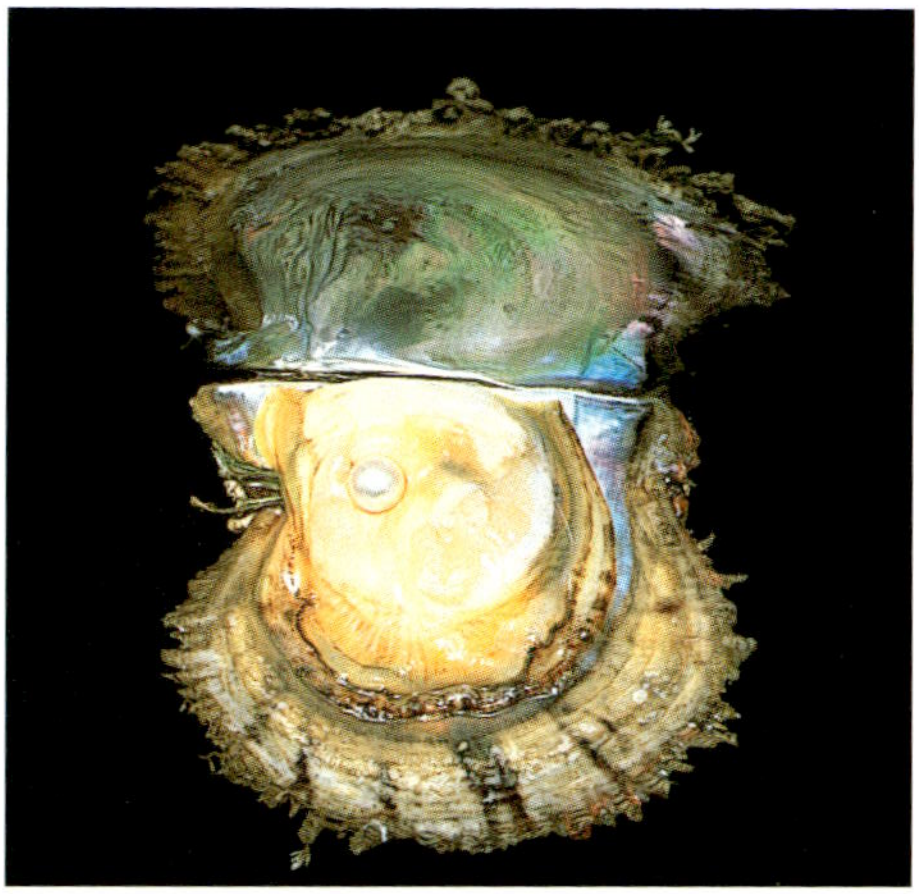

パール・ホワイト／アコヤガイ

コーラル・ピンク coral pink

サンゴはかつては植物に分類されていましたが、イソギンチャクと同じ刺胞動物です。深海性サンゴの骨軸は古くから装飾品として用いられ、特に赤いものが珍重されました。

シェイクスピアも「その赤いくちびるもサンゴにおよばぬ」と、サンゴの赤を唇の色にたとえています。

コーラル・ピンクはサンゴのような濃い黄みのピンク。日本語では**珊瑚色**《さんごいろ》です。

珊瑚色

鼈甲色《べっこういろ》

ウミガメの一種タイマイの甲羅を鼈甲といい、これを用いた工芸品は正倉院の献納宝物の中にもあります。江戸時代以降、広く装身具などに利用されてきましたが、現在は捕獲が禁止されています。

この色名は鼈甲のようなにぶい黄をさします。

べっかふ色の水牛の撥《ばち》（谷崎潤一郎／蓼喰う虫）

鼈甲色／タイマイ

コラム③

玉虫色と濡れ色

玉虫色の原理

玉虫色のように、見る角度によって色が異なって見える現象は、干渉という光の性質から起こります。

無色透明なごく薄い膜に光が当たると、膜の表面で反射した光（A）と、膜の中へ入ったのち膜の底から反射してきた光（B）との両方が私たちの目に入るわけですが、このとき、BはAより膜の厚さの分だけ遅れて目に達します。ところで、光は波ですから、山と谷とがあります。この遅れによってAの波とBの波の山どうしが重なると、その波長の色は強められます。逆に、二つの波の山と谷とが重なると、互いに打ち消し合ってその波長の色は弱められます。こうして、強い色や弱い色、さまざまな色が見えることになります。さらに、膜を見る方向が異なると、膜の中を通る距離が変わり、波の重なり具合も変わり、これまたさまざまに異なった色が見えるわけです。

シャボン玉、孔雀の羽、真珠などの色も、この光の干渉によって生じる色です。

濡れ色の原理

物体に光が当たると、表面から反射する光と、物体の内部に入ったのち出てきた光との、両方が目に入ります。表面からの光は無色ですが、内部で着色粒子に当たって一部の波長が吸収されたのちに出てきた光は、人間に色を感じさせます。

ところで、物体の表面は水に濡れると平らになりますから、表面からの反射は一定方向への正反射となり、つややかな印象を与えます。これに対して、乾いた表面は凸凹があるために乱反射し、つや感は乏しくなります。

また、濡れて表面が平らになると、光が内部に入りやすくなりますから、内部の着色粒子に吸収されて出てくる光も、乾いているときより多くなります。その結果、色みは増し、鮮やかな色に見えます。しかし、吸収が多くなるわけですから、全体としては暗い色になります。特に、黒っぽい色の場合はいっそう暗い色に見えます。

こうした原理によって、黒髪は水を含むと乾いているときよりつややかに、またいっそう黒く見えます。土が雨を含むと黒ずむのも同様です。黒に限らず、木の葉でも肌でも、濡れるとつややかな、しかし暗くさえた、つまり深みの増した色になります。濡烏や鳥の濡れ羽色あるいは濡れ葉色などは、こうした濡れ色の印象をさした言葉でしょう。

（近江）

シャボン玉

3. 花の章

チューリップ畑

桜色／ソメイヨシノ

桜色《さくらいろ》

桜色に衣は深く染めて着む　花の散りなむのちの形見に(紀有朋・古今和歌集)

サクラは日本の国花で、『古事記』に出てくる「木花之開耶姫《コノハナノサクヤヒメ》」の「木花」が桜の花を意味し、「サクヤ」の音がサクラの語源といわれます。

サクラの品種は三百品種を超え、花の色は紫み、赤みの強いもの、黄みや緑みのもの、そしてほとんど色みのない白っぽいものまでありますが、桜色は薄い紫みのピンクをさします。中国語にも**桜花紅《インホアホン》**という色名があります。(68・69)

桜花紅《インホアホン》

桃色／モモ

桃色《ももいろ》

モモは原産地の中国から、紀元前にヨーロッパに伝わり、ヨーロッパではその実の色がピーチという色名になっています。

桃色はモモの花の色からとられた、『日本書紀』にも「桃染布」という言葉がある古い色名です。のちに退紅《あらぞめ》と同じとされるように紅の褪せた色です。ただ、衛士《えじ》などあまり位の高くない者の着用する色ともされていました。

中国語にも**桃紅《タオホン》**があります。

帷子《かたびら》は広袖に桃色のうら付を取出せ
(井原西鶴／好色五人女)

桃紅《タオホン》

カメリア camellia

ツバキの花の色を表す色名です。

ツバキは東洋の花です。ヨーロッパに伝えられたのは十七世紀ごろ。東洋的な魅力と花の少ない季節に咲くところからでしょうか、十九世紀ごろには色名としても使われるようになりました。

中国語の**茶花紅《チャホアホン》**もツバキの花の赤色をさす色名です。

茶花紅《チャホアホン》

カメリア／寒ツバキ

紅梅色／紅梅にキレンジャク

紅梅色《こうばいいろ》

紅梅の花の色からつけられた色名です。
万葉の時代には花見といえば観梅でした。
紅梅色は平安時代から用いられた代表的な伝統色名のひとつで、染色のみならず襲《かさね》の色目としても愛好されたようです。もとはベニバナで染められましたが、江戸時代にはスオウで染められ広く普及しました。中国語では**春梅紅**《チュンメイホン》。

御返しは、紅梅の薄様に書かせ給ふが、御衣の同じ色ににほひ通ひたる(枕草子)

春梅紅《チュンメイホン》

唐棣色《はねずいろ》

「棣」はバラ科サクラ属のニワウメ。「唐棣」はニワウメの古名といわれ、唐棣色はその花の色からつけられた紅花染の薄い赤をさし、**朱華色**とも書きます。
「唐棣色の」は「うつろい易き」にかかる枕詞です。

思はじと言ひてしものを唐棣色の　移ろひ易き我が心かも
(大伴坂上郎女・万葉集　巻四)

朱華色

唐棣色／ニワウメ

藤色《ふじいろ》

フジの名は、花が風に散る姿の「風散《ふぢ》」に由来します。日本の各地に自生し、『万葉集』にも数多く詠まれています。

平安時代にはすでに、その花の名が浅い青紫を表す色名として使われ始めています。

藤のこきうすき御衣、青朽葉の御小袿を着給たる（夜の寝覚）

紅藤《べにふじ》、**藍藤《あいふじ》**、**藤紫《ふじむらさき》**、**薄藤《うすふじ》**、**淡藤色《うすふじいろ》**、**藤納戸《ふじなんど》**、**濃藤《こいふじ》**、**京藤《きょうふじ》**、**大正藤《たいしょうふじ》**などさまざまな修飾語をつけた色名が登場した事実からもわかるように、明るい青紫系の色の基本となっていました。色としてはラベンダーとほぼ同じです。

紅藤　藍藤　藤紫
薄藤　淡藤色
藤納戸　濃藤
京藤　大正藤

藤色／フジ

山吹色《やまぶきいろ》

ヤマブキの名は、山で風に揺れている姿を表現した「山振《やまぶり》」に由来します。その花の色は平安時代から色名として使われ、わずかにオレンジみをおびた黄色をさします。

やまぶき、うす色など、花やかなる色あひ(源氏物語)

中世にはその色が黄金色に似ていることから、「山吹色」という言葉が「大判、小判」をさすこともありました。

山吹色／ヤマブキ

棟《おうち》

棟はセンダンの古名。「樗」とも書きます。端午の節句のころに咲くので、平安時代には端午の節句にショウブやヨモギとともに飾られました。

色名はその花の色からつけられた明るい青みの紫です。

棟／センダン

卯の花色《うのはないろ》

ウノハナはユキノシタ科のウツギの別名。古くから日本各地に自生し、『万葉集』には二十四首も詠まれています。

この花が陰暦四月ころ咲くことから、四月を「卯の花の咲く月」つまり「卯月」としたともいわれます。

その花の白を卯の花色といいます。

卯の花色／ウツギ

躑躅色《つつじいろ》

日本にはツツジの野生種が多く、『万葉集』でも「岩躑躅」「山躑躅」と山に自生した花が多く詠まれています。

ツツジの花の色からつけられた明るい赤紫色で、平安時代から使われている色名です。

英語ではアザレ（azalea）。

汗衫《かざみ》は春は躑躅。桜。夏は青朽葉。朽葉（枕草子）

アザレ

躑躅色／ツツジとアゲハチョウ

牡丹色／ボタン

牡丹色《ぼたんいろ》

ボタンは中国原産。中国では「花の王」といわれ、国花とされており、牡丹紅《ムータンホン》という色名があります。

日本には奈良時代に渡来し、襲《かさね》の色目としては古くから用いられましたが、色名としては化学染料が普及した明治以降に定着したようです。

牡丹色は紫みのボタンの花のような鮮やかな赤みの紫です。

トルコ模様を織出した牡丹色の帯（小栗風葉／青春）

牡丹紅

ピアニー・パープル peony purple

ボタンもシャクヤクもボタン科ボタン属。英語のピアニーはボタン属の総称。その花の鮮やかな赤みの紫をピアニー・パープルといいます。

菜の花色／ナノハナ

菜の花色《なのはないろ》

アブラナの花のような明るい緑みの黄色を菜の花色、**菜種色《なたねいろ》**といいます。

アブラナは古代から世界各地で栽培され、キャベツ、ハクサイ、カブなどはその栽培品種です。日本でも平安時代以前から栽培され、江戸時代には灯油を採るため各地に菜の花畑が広がっていました。

また、アブラナの油のような色を**菜種油色《なたねあぶらいろ》**、**油色《あぶらいろ》**といいます。


細き目に花見る人の頬はれて　菜種色なる袖の輪ちがひ（向井去来／去来抄）

菜種色　油色
菜種油色

ダンディライアン dandelion

タンポポの花のような明るい黄色です。

タンポポは世界各地に自生し、世界中で約二千種あります。

葉はサラダや粥に加え、薬用として傷にもつけました。花ではワインやお茶をつくり、根でコーヒーもつくりました。

日本語では**蒲公英色《たんぽぽいろ》**です。

蒲公英色

ダンディライアン／タンポポとベニシジミ

バイオレット violet

英語のバイオレットもスミレ属の花の総称です。ギリシャ神話では、ゼウスが愛するイオを失い、その瞳の美しさを思ってスミレの花をつくったとされています。

バイオレットが色名として使われるようになるのは十四世紀とされています。ニュートンは『光学』（1704）の中でスペクトルを、バイオレット、インディゴ、ブルー、グリーン、イエロー、オレンジ、レッドの七色に区別して説明しました。以来「虹の七色」が定着しています。正確にいえば、虹つまり太陽の純粋な光の中には「紫」はなく、紫よりも青みによったバイオレットが限界です。

あなたの澄んだ菫の目、／ああ朝な夜ないくたびぞ、／いずこともなく現れて／解くに解かれぬ青い謎（ハイネ／家路〈万足卓訳〉）

バイオレット／ビオラ

菫色／スミレ

菫色 すみれいろ

スミレ科スミレ属の花は世界各地に約五百種も自生し、日本には五十種以上が知られており、『万葉集』にも詠まれています。菫色はスミレの花のような鮮やかな青紫です。

廂髪に菫色の袴を穿いて海老茶のメリンスの風呂敷包をかかえて居た

（田山花袋／田舎教師）

パンジー pansy

パンジーは、ヨーロッパ原産の野生のスミレを交配してつくられた園芸種です。この花が首を傾けて物思いにふけっているように見えることから、フランス語で「思考」を意味する「pensée」からパンジーと名付けられました。

パンジーという色名はもっとも多い紫の花からとられ、パンジー・バイオレット（pansy violet）ともいいます。

パンジー・バイオレット

フォゲットミーナット・ブルー forget-me-not blue

ドイツにこんな伝説があります。恋人のために、水辺に咲くこの青い花を採ろうとした青年が、川に落ちて流されました。彼は流されながら恋人にその花を投げ、「私を忘れないで」と叫んで沈んでいきました。青年の最後の言葉がその花の名になったのだ、と。

日本名はワスレナグサ、花言葉は「真実の愛」そして「記憶」。「恋人たちの花」といわれ、閏年の二月末日には恋人にこの花を贈る習慣もあります。

花の色から、浅い青を表す色名になりました。日本語では**勿忘草色**《わすれなぐさいろ》。

美しい瞳の色の形容に使われます。

　青いワスレナグサの花のように青い眼
（テニソン／詩集〈土居光知訳〉）

フォゲットミーナット・ブルー／ワスレナグサ

勿忘草色

プリムローズ・イエロー primrose yellow

プリムローズは、ヨーロッパの野山に自生するサクラソウ科の植物です。

プリムローズ・イエローはその花のような浅い黄色です。

プリムローズ・イエロー／プリムラ（サクラソウ）

ポピー・レッド poppy red

ヒナゲシの花の色からとられた強い赤です。

ヨーロッパには、ポピーは殺された者の流した血から生えるという伝説があります。中国では、楚王の寵姫・虞氏《ぐし》が死んでこの花になったとして「虞美人草《ぐびじんそう》」とよびます。

フランス語ではコクリコ (coquelicot)。

カーネーション carnation

カーネーションは、現在は母の日の花ですが、ヨーロッパでは古代から神にささげる花冠を作るのに用いられたといいます。

花の色の濃いピンクが色名になり、十六世紀ころから使われていますが、もとは肌色のことだったともいいます。

ねえ、旦那、肉色 (carnation) のリボンは幾筋買えますんでせう、一レミュネレーションで?

(シェイクスピア／恋の骨折損〈坪内逍遥訳〉)

ポピー・レッド／ヒナゲシの丘

カーネーション

ライラック lilac

ライラックは東ヨーロッパ南部原産の香りのよい春の花です。花言葉は「初恋の味」。「片恋の花」ともいわれ、「ライラックを身に着ける女性は、結婚指輪を着けることはない」という諺もあります。

その花のような浅い紫をライラックといいます。中国語では**丁香紫**《ティンシアンツー》。

地平線には青灰色の柳が数本、はるかかなたに赤い屋根の圧搾所、そして遠くライラック色の影絵の町がある。

（ゴッホの手紙〈硲伊之助訳〉）

ライラック

ラベンダー

ラベンダー lavender

シソ科ラバンドゥラ属のラベンダーの花の色からとられた明るい青紫です。ラベンダーの語源は、古代ローマ人が入浴剤として使ったので「洗う」という意味のラテン語「lavare」といわれます。古来、香水や薬をつくるために栽培されています。日本には江戸時代に渡来し、明治の文学では色名として使われています。

机の抽斗からラベンダー色の紙と封筒を取り出して（夏目漱石／明暗）

サルビア・ブルー salvia blue

シソ科サルビア属には、サルビア、ブルーサルビア、セージなどがあり、サルビアはブラジル原産の赤い花、ブルーサルビアはアメリカ原産の青い花、セージは薄紫の花をつける香草で、どれも色名になっています。赤い花の色はサルビア（salvia）、青い花の色はサルビア・ブルー、香りのよいセージの葉の色はセージ・グリーンです。

ローズ／バラ

ローズ rose

春弥生、見渡せば／草も木も花ざかり。／バラ色の衣着て／雲は舞うあのあたり。
（ハイネ／新しい歌〈万足卓訳〉）

バラは古代ペルシャの時代にすでに香料や薬用として人類の身近にありました。アフロディーテが波の間からバラとともに生まれたと、紀元前六世紀の詩人も歌を残していますが、ヨーロッパ文化の中ではもっとも頻繁にとりあげられる花のひとつです。十九世紀に入ると交配による新種が続々と発表され、現存する品種は二千を超えています。

色名としてのローズはわずかに紫みを含んだ明るい赤をさし、**ローズ・レッド**（rose red）はすでに一三〇〇年に色名として用いられたという記録があります。

ラテン語のローサに由来して、ヨーロッパの諸国ではroseかrosa。フランス語のroséは赤ブドウの皮を除いてつくったブドウ酒をもさします。

ローズ・レッド

オールド・ローズ old rose

ローズは今日ではピンクとならんで、やや明るい赤系の基本的な色名で、さまざまなバリエーションがあります。たとえばオールド・ローズ、**ローズ・グレイ**（rose grey）、**アッシュ・ローズ**（ash rose）はくすんだ灰みの色、**ローズ・ベージュ**（rose beige）や**ローズ・ブラウン**(rose brown)は枯れたバラのような色、ナポレオン帝政に因んだ**フレンチ・ローズ**（french rose）、**エンパイア・ローズ**（empire rose）、そしてルイ十五世の寵愛を受けたマダム・ポンパドールに因んだ**ローズ・ポンパドール**（rose Pompadour）は彼女の趣味をひいてつくられた陶磁器の色からの色名です。**ローズ・ピンク**（rose pink）は紫みによったピンクです。

ローズ・グレイ　アッシュ・ローズ　ローズ・ベージュ
ローズ・ブラウン　フレンチ・ローズ　エンパイア・ローズ
ローズ・ポンパドール　ローズ・ピンク

薔薇色 ばらいろ

バラは日本でも『古今集』に薔薇《さうび》が歌われており、観賞に供されたようですが、薔薇色が色名として使われるのは明治以降のようです。なお、**長春色**《ちょうしゅんいろ》は中国の長春花、つまりバラに由来し、「四季花のある」ことからの名です。やや紫みを含んだにぶい赤。

中国語の**玫瑰紅**《メイクイホン》は赤系の、**玫瑰紫**《メイクイツー》は紫系のバラの色をさします。

長春色　玫瑰紅　玫瑰紫

ローズ・ピンク／野バラ

菖蒲色 あやめいろ・しょうぶいろ

菖蒲と書いて「あやめ」とも「しょうぶ」とも読み、古くから間違われがちですが、アヤメとショウブは別の植物です。端午の節句に菖蒲湯にするショウブは、黄色い花穂をつけるサトイモ科の植物。紫色の花をつけるのはアヤメ科のアヤメやノハナショウブです。アヤメは白い花もつけますが、紫の花の色をとったのが菖蒲色《あやめいろ》。古くは「しょうぶいろ」とも読みました。

みすのうちこぼれいでたる袖ぐちども、をりにあひたるなでしこのはな、たちばな、しやうぶ、つつじ、かきつばたなどやうのいろを（有明の別）

菖蒲色／ヒオウギアヤメ

杜若色／カキツバタ

杜若色 かきつばたいろ

カキツバタもアヤメ科の多年草。その花の色からとられた紫色ですが、菖蒲色より赤みの強い紫をさします。カキツバタの名は、その花を布に摺りつけて染める「書き付け花」に由来するといわれています。

万葉の時代には「かきつはた」と清音でした。「かきつはた」はその華やかな色から美人の形容に用いられ、「丹《に》つらふ（赤みのある美しい色の意）」にかかる枕詞です。

我のみやかく恋すらむ杜若　につらふ妹はいかがあるらむ（万葉集　巻十）

アイリス iris

アイリスはアヤメ科の植物の総称。ギリシャ神話の虹の女神「Iris」の名に由来し、アイリスが天から降りて姿を変えた花といわれています。

色名は菖蒲色と同様に鮮やかな紫色をさします。

ロータス・ピンク／ハス

ロータス・ピンク lotus pink

ハスの花のようなピンク。

ハスは、仏教では聖なる花。古代エジプトでは復活の象徴です。中国でも「蓮は花の君子」といわれ、**紅蓮灰**《ホンリエンホイ》、**青蓮紫**《チンリエンツー》、花の色をさす**荷花白**《ブーホアバイ》、葉の色をさす**荷叶緑**《ブーイエリュー》という色名があります。

日本には中国を経て伝えられ、『万葉集』にハスを詠んだ歌は四首ありますが、そのうち三首はハスの葉を詠んだ歌です。

日本ではハスの花の色は色名にはなりませんでした。

リリー・ホワイト lily white

リリーはユリ科ユリ属の花のうち、ふつう白いユリをさします。ギリシャ神話では女神ヘラの乳から生まれたとされ、花言葉は「純潔」と「処女性」。ボッティチェリが『受胎告知』の中で、聖母マリアに受胎を告げる天使の手に白いユリを持たせているのも、処女性の象徴でしょう。

リリー・ホワイトは白ユリの花の、やや緑みの白です。

あなたの白い百合の指／ああもう一度口づけて／心にひしとおしあててともにくずれてしまうまで！（ハイネ／家路〈万足卓訳〉）

リリー・ホワイト／テッポウユリ

タイガー・リリー／コオニユリ

萱草色／トビシマカンゾウ

萱草色《かんぞういろ》

ノカンゾウの明るい黄みのオレンジ色の花から生まれた色名です。ノカンゾウもオニユリもともにユリ科の多年草で、どちらも日本に古くから咲いていましたが、ヨーロッパで色名になったオニユリは日本では色名にはならず、ノカンゾウの花の色からとった萱草色の方は平安時代から使われました。

ほどなき衵《あこめ》人よりは黒う染めて黒き汗衫《かざみ》くわむざうの袴など着たるもをかしき姿也（源氏物語）

萱草色は、服喪中に着る凶色とされました。

タイガー・リリー tiger lily

この花もユリ科ユリ属ですが、英名では「タイガー」の名を、和名では「オニ」の名を与えられたオニユリです。花言葉は「嫌悪」「侮蔑」。黒い斑点のせいでしょうか、その香りをかぐと、そばかすができるともいわれました。

タイガー・リリーという色名は、その花の明るい赤みのオレンジです。

サンフラワー sunflower

ヒマワリは中央アメリカ原産。太陽を信仰したインカ帝国では太陽の化身として崇められ、神殿にも描かれました。初めてインカへ侵攻したスペインのピサロは「ペルーのマリーゴールド」とよび、本国へ持ち帰りました。

サンフラワーはヒマワリの花の色を表す色名で、鮮やかな赤みの黄色。日本語では**向日葵色**《ひまわりいろ》、中国語では**向日黄**《シァンリーホァン》といいます。（86・87）

モーブ mauve

ゼニアオイの花の色からとられたフランス語のモーブは、人類初の合成染料に与えられた記念すべき色名です。一八五六年にイギリスの化学者の卵であったパーキンが、コールタールから解熱剤を合成しようとした実験中、偶然抽出した物質をもとにして、明るい紫系の染料を開発しました。これが、合成染料の第一号モーブです。以降続々と人工染料がつくり出され、われわれの身の回りの色は急激に豊かになり、色名も増加してきます。

紫色は、自然の染料からはもっとも得にくい色で、日本では紫草の根から、西欧では紫貝の分泌液から染めました。けれども、濃い紫を染めるには膨大な量の草あるいは貝を必要とし、たいへんな手間をかけていました。紫が高貴な色とされる理由も、この希少性にありました。その紫が人類最初の合成染料として誕生したことは、歴史の面白い偶然です。

一八六二年、大英帝国のビクトリア女王は、万国博の開会式にこの世界初の合成染料で染めたドレスを着て出席し、話題になりました。以来、モーブはビクトリアン・モーブ (Victorian mauve) とよばれて流行します。

ビクトリアン・モーブ

モーブ／ゼニアオイ

ゼラニウム geranium

ゼラニウムの花のような明るい赤です。ゼラニウムは南アフリカ原産のペラルゴニウム属の花をかけ合わせて園芸用につくられた花で、その赤い花の色が色名として使われます。

ゼラニウム

サンフラワー／ヒマワリ

フクシャ fuchsia

フクシャはアカバナ科フクシャ属の植物。

モーブについで二番目につくられた合成染料に、この花の色からとってフクシンと名が与えられました。その染料の強い赤紫がフクシャです。マゼンタの戦いも同じ一八五九年であったため、同じ色がマゼンタ（magenta）ともよばれます。ほかにフクシャ・パープル（fuchsia purple）、フクシャ・ピンク（fuchsia pink）などの色名もあります。中国語の品紅《ピンホン》はフクシンで染めた赤。

マゼンタ　フクシャ・パープル　フクシャ・ピンク　品紅

フクシャ

ベルフラワー／ホタルブクロ

ベルフラワー bellflower

ベルフラワーはホタルブクロやツリガネソウなど、キキョウ科ホタルブクロ属の総称。その名は花がベルのような形をしていることに由来します。

色名のベルフラワーはその花の色を表す、さえた青紫です。

ヘリオトロープ heliotrope

ヘリオトロープは、ムラサキ科の常緑小低木。

ヘリオトロープの花のような明るい青みの紫をヘリオトロープといいます。またこの花からつくられた香水もヘリオトロープとよばれています。

マリーゴールド marigold

マリーゴールドの花のような明るい黄みのオレンジ。
マリーゴールドは、メキシコ原産のアフリカン・マリーゴールドなどの花をさします。

コスモス cosmos

コスモスは、日本では「秋桜《あきざくら》」ともよばれますが、この色名はサクラより濃い紫みのピンクをさします。

マリーゴールド

コスモス

ヘリオトロープ

女郎花色／オミナエシ

女郎花色《おみなえしいろ》

秋の七草のひとつ、オミナエシの花のような明るい緑みの黄色。平安時代からの色名です。

紫苑《しおん》色の花やかなるに女郎花の織物と見ゆる、重なりて袖口さし出でたり（源氏物語）

紫苑色／シオン

竜胆色《りんどういろ》

リンドウは、漢方で根を乾燥させて健胃剤に用います。それがたいへん苦く「竜の胆」のような味だということから、その名がつきました。秋の花です。

その花のような明るい青紫色を竜胆色といい、中国語では**竜胆紫**《ロンダンツー》、英語ではジェンティアン・ブルー（gentian blue）といいます。

竜胆紫《ロンダンツー》　ジェンティアン・ブルー

竜胆色／リンドウ

紫苑色《しおんいろ》

童の、濃きあこめ、紫苑の織物かさねて、赤朽葉の羅《うすもの》のかざみ（源氏物語）

シオンはキク科の多年草ですが、一茶が「栖《すみか》より四五寸高きしおにかな」と詠んだように、その丈は二メートルほどにもなります。

紫苑色はシオンの花の明るい青紫からとられた色名で、「しおに」ともいいます。

桔梗色《ききょういろ》

キキョウは日本の各地に古くから自生する花です。秋の七草のひとつで「あさがお」ともよばれます。桔梗色は、その花の色のような鮮やかな青みの紫を表す色名です。

桔梗色／キキョウ

撫子色《なでしこいろ》

ナデシコは秋の七草のひとつ。花の可憐さから「愛しい子」を表す「撫し子」に由来した名です。

その花のような紫みのピンクが撫子色。**石竹色**《せきちくいろ》も同じ色をさします。赤みの強い色は**唐撫子**《からなでしこ》といいます。

中国語にも**石竹紅**《シーチューホン》、**石竹紫**《シーチューツー》という色名があります。


象眼の紅の単衣、同じ御直衣、色いと濃き唐撫子の浮線綾の御指貫、余りをどろをどろしき御あはひ着給へるも、この世の色とも見えずなまめかしくて（狭衣物語）

石竹色　唐撫子　石竹紅　石竹紫

撫子色／カワラナデシコ

ピンク pink

本来はナデシコ科ナデシコ属の植物の総称。その花の色から、英語では明るいあるいは薄い赤をさす基本的な色名のひとつです。したがってさまざまな修飾語をつけた色名があります。貝殻のシェル・ピンク、サンゴのコーラル・ピンク、サケのサーモン・ピンク、花からオーキッド・ピンク、アクシャ・ピンク、ロータス・ピンク、人間の肌の色あるいはそれを美化したフレッシュ・ピンク（flesh pink）、キューピッド・ピンク（cupid pink）。ローズ・ピンクは紫みのピンクの中では濃いめの色をさし、ベビー・ピンク（baby pink）はベビー・ブルー（baby blue）と並ぶ乳幼児の服の標準色です。

ただしヨーロッパではピンクよりもローズの方が伝統的な色名で、英語以外、フランス語、ドイツ語、イタリア語などではpinkの代わりにrose, rosaが用いられます。

フレッシュ・ピンク　キューピッド・ピンク　ベビー・ピンク　ベビー・ブルー

オーキッド・パープル／カリプソ・オーキッド

シクラメン・ピンク cyclamen pink

シクラメンは、地中海沿岸原産。もとは早春の花でしたが、栽培技術が進歩して室内で秋から冬に楽しむことができるようになりました。かがり火のように見えることから、日本ではかがり火草とも呼ばれます。

白から赤紫までさまざまな花がありますが、色名としては紫みのピンクです。

シクラメン・ピンク／シクラメン

オーキッド orchid

ランの花のような色。ラン科の植物は熱帯地方原産。栽培品種も多く、その種類は一万種にものぼります。花の色も白やピンク、紫などさまざまなものがあり、そのため色名としても明るい赤紫系のオーキッド・パープル（orchid purple）、ピンク系のオーキッド・ピンク（orchid pink）、灰みによったオーキッド・ティント（orchid tint）やオーキッド・グレイ（orchid grey）などが用いられます。中国語の春藍《チュンラン》もランの花の色からとられた色名です。

オーキッド・パープル　オーキッド・ピンク　オーキッド・ティント　オーキッド・グレイ　春藍

ヒアシンス・ブルー／ヒアシンス

ヒアシンス・ブルー hyacinth blue

ヒアシンスの花のような、明るい紫みの青です。

ヒアシンスは、形容詞として「hyacinthine（ヒアシンスのような）」とも使い、「ヒアシンスのような色の、可憐な、美しい」という意味です。美しい髪の形容にも使われ、「hyacinthine locks（ヒアシンスのような巻き毛）」は現在は金髪を意味しますが、もとはヒアシンスの花弁の先のようにカールした髪という意味だったようです。

ながヒヤシンスの髪、古典の顔（E.A.ポー／〈レンに寄す〈星谷剛一訳〉）

ヒーザー heather

ヒーザーの花のようなにぶい紫色です。ヒースともいいます。

ヒーザーは荒野に自生するのでヒーザーの生い茂った荒野のこともヒーザーといいます。

花言葉は「孤独」。娘に裏切られたリア王が嵐の中でさまようのもヒーザーの荒野です。

野生のヒースでさえも紫の染色をみごとに示している（ポープ／ウィンザーの森〈村上至孝訳〉）

ヒーザー

コラム4

生理的仕組みがつくる六つの基本色
―赤・黄・緑・青・白・黒―

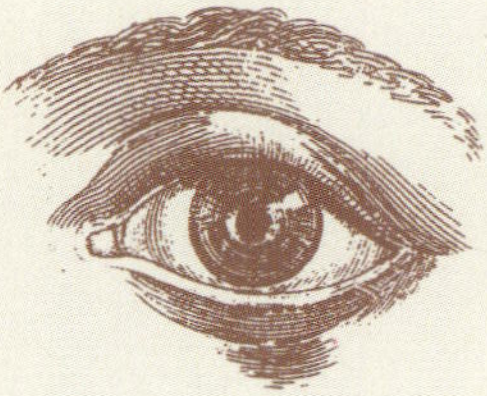

眼が色を見分ける仕組み

人はどのような仕組みで色を見分けるのか？この謎には、古代ギリシャの哲学者たちがすでに挑戦しています。しかし、この問題が本格的に解明され始めるのは、二〇世紀半ばを過ぎてからのことです。現在のところほぼ間違いないと考えられている説によれば、眼から脳にかけては二段階の機能があるようです。第一層の眼の網膜には、三種類の細胞がモザイクのように埋めつくされています。赤を見分ける細胞、緑を見分ける細胞、そして青を見分ける細胞です。第二層もやはり三種類の組織からなっていますが、性質は異なります。《赤―緑組織》、《黄―青組織》、《白（明）―黒（暗）組織》という三種類の組織ですが、これらは反対色どうしを同じひとつの組織が処理しているわけです。この二層六種類の組織が微妙複雑にはたらき合うことによって、人間はすべての色を感じとっているわけです。

このような生理的な仕組みに支えられている、赤・黄・緑・青・白・黒、の六色は、人間にとってもっとも基本的な色であるといえます。

色名の発達

世界の言語について、色を表現するためにどのような言葉を持っているかを調べた報告があります。その一例を図1に引用しました。進化し、複雑化した言語ほど、色を表す言葉も充実してきます。図1の1～7は言語の進化の段階を示していますが、

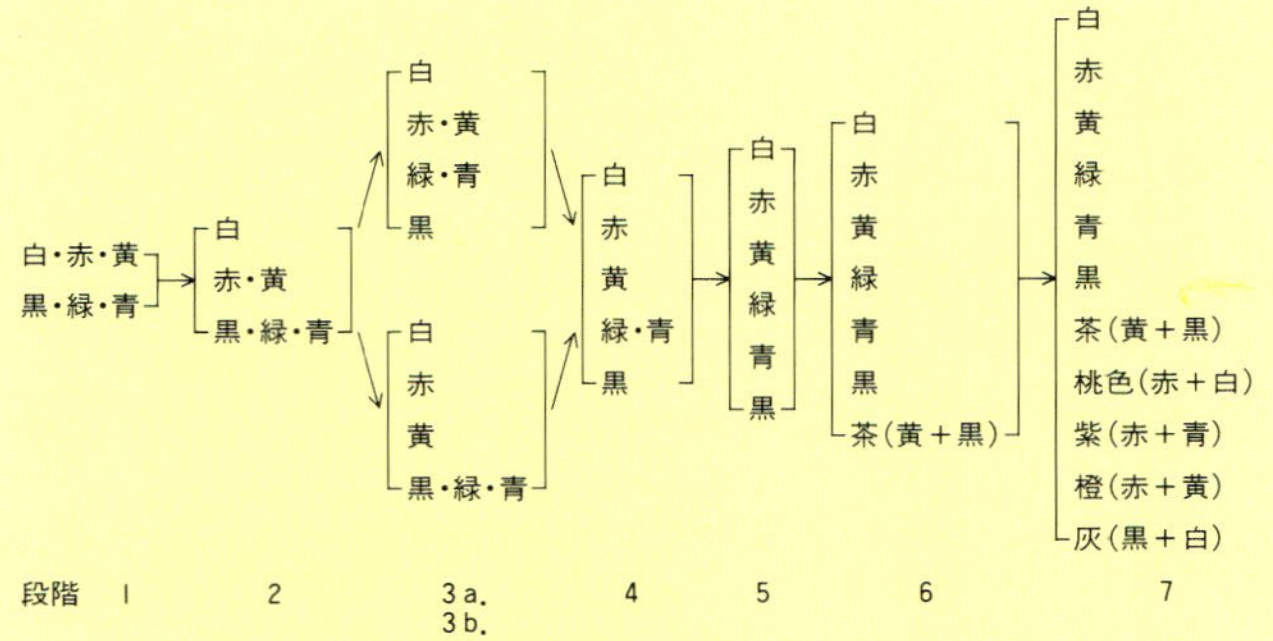

図1：ケイとマクダニエルの基本色彩語発達モデル

もっとも未熟な言語では、色を表すためにわずか二つの言葉しか持っていません。《白―赤―黄》、つまり明るく暖かい感じの色をひとつの単語で語り、《黒―緑―青》、つまり暗く冷たい色をすべてひとつの単語で表すのです。これより少し進化した第二段階の言語では、《白》《赤―黄》《黒―緑―青》という三種類の単語が登場する、といった具合です。

また、たとえば日本の俳句の季語には、青梅・青蛙・青柿・青田・青葉・青虫・青柳、など、グリーンからブルーにかけての広い範囲の色を〝アオ〟と称するものがいくつか見受けられますが、こうした現象は図1の第4段階に相当するわけです。このように、ミドリとアオとの範囲を一語で表すのは日本語独自の特徴ではなく、ほかのさまざまな言語にも根強く見受けられる現象で、学者の中にはgrue (green+blue) という色名を提案した人もいるほどです。

もっとも進化した言語は、第7段階にあげられている十一の基本色彩語彙《ごい》を持っているようです。いわゆる文明国で使われている言語は、ほとんどがこの第7段階に当たります。チンパンジーは色を人間に近い程度に見分けることができる動物ですが、彼らに色名を教える実験を行っても、ほぼこの十一語についてはマスターさせることができます。このことからも、この十一語は人類にとってきわめて基本的な色彩語彙といえそうです。つまりこれは、言語の構造、ひいては視覚や脳のはたらきに支配された、根源的な単語なのです。そしてこの十一語を核として、私たちの色名文化は花開いたのです。

青田の青蛙

青梅

色名と六つの基本色

ところで、図1の第7段階の下五つ、茶～灰は、結局（ ）内に示したように、第5段階ですでに現れている六つの色を組み合わせてできた色といえます。たとえば、黒と白を混合して灰ができ、赤と黄を混合して橙ができる、といった具合にです。したがって、より根本的には、基本的な色彩語彙十一色の中でも特に、赤・黄・緑・青・白・黒、の六色が重要な役割を果たしているといえそうです。つまり、先にあげた、色を見分ける仕組みを支えている六つの生理的に基本となる色が、世界の言語を支配しているというわけです。

人類がつくりだした多彩な色名の奥底では、実は生理的な仕組みに支えられた原理がはたらいているようです。

（近江）

4. 草や木の章

錦秋

萌木色《もえぎいろ》

柳の織物の細長、萌黄にやあらむ、小袿《うちき》着て、羅《うすもの》の裳《も》のはかなげなる引きかけて、ことさら卑下したれど（源氏物語）

春の萌えでる木の葉のような色をさし、平安時代から用いられている黄緑の代表的な色名。**萌黄色**とも書きますが、植物の色をさす一般的な色名である緑に対して、黄みが強いためこの文字が当てられたともいいます。

萌葱色と書く場合の葱は「ネギ」で、特に江戸時代には萌葱で濃い緑色をさしたという説もあります。歌舞伎の定式幕も黒、柿そして萌葱です。

萌黄色　萌葱色

萌木色

若草色

若草色《わかくさいろ》

春先に芽吹いた若い草のさえた黄緑色をさします。

春の七草の色をさす**若菜色**《わかないろ》、稲の苗のような**苗色**《なえいろ》、さらに植えたばかりの**若苗色**《わかなえいろ》、若い木の葉の**若葉色**《わかばいろ》、**若緑**《わかみどり》などの色名もあります。苗色や若苗色は平安時代からの古い色名ですが、若草色は明治になってから生まれた色名です。（100・101）

濃いうちぎに、撫子とおぼしき細長、わかなへ色のこうちぎきたり（源氏物語）

若菜色　苗色　若苗色　若葉色　若緑

苗色

草色 くさいろ

春に芽吹いた若い草は黄みの強い緑ですが、夏になると緑が深まります。草色は夏の草のような濃い黄みの緑色です。

英語の**グラス・グリーン**（grass green）は八世紀ころには使われていた古い色名のひとつです。葉の色の**リーフ・グリーン**（leaf green）、牧草地の色の**メドウ・グリーン**（meadow green）、木の葉の茂みの色の**フォーリッジ**（foliage）という色名もあります。中国語にも**草緑**《ツァオリュー》があり、**草原远緑**《ツァオユワンユワンリュー》は遠くまで広がる草原の緑です。

彼女の草のような緑色（grass-green）の眼は涙でうるんで来た。（オスカー・ワイルド／漁夫とその魂〈林原耕三・八木毅訳〉）

草緑　草原远緑

グラス・グリーン　リーフ・グリーン　メドウ・グリーン　フォーリッジ

フレッシュ・グリーン fresh green

英語のフレッシュ・グリーンも春の若い葉や草の鮮やかな黄緑。**スプリング・グリーン**（spring green）という色名もあります。中国語にも**新芽色**《シンヤースー》、**芽緑**《ヤーリュー》、**春緑**《チュンリュー》、**嫩草緑**《ネンツァオリュー》という色名があります。嫩は「若くて好ましい」という意味です。

色名からも、春を迎える喜びが、四季のある国に住む人にとって共通のものであることがうかがわれます。

スプリング・グリーン　新芽色　芽緑　春緑　嫩草緑

草色

若葉色

紅葉色《もみじいろ》

植物には秋になると、カエデのように葉が赤くなるものと、イチョウやニレのように黄色くなるものとがあります。紅葉と黄葉です。葉に蓄積された糖やアミノ酸からアントシアンやフロバフェンとよばれる赤、紫、黒などの色素がつくられて赤くなるのが紅葉。葉の葉緑体の緑色のクロロフィルが分解し、残った黄色色素カロチノイドが目立つのが黄葉です。この二つが同時に起こることもあります。『万葉集』で紅葉を詠んだ歌は百首を超えます。紅葉色は紅葉したカエデの葉のような色です。

くはっと気をあげ、時ならぬ紅葉面にあらはし
（浮世草子　傾城禁短気）

紅葉色

朽葉色《くちばいろ》

文字通り植物の葉が落ちて腐った色というわけで、平安時代から用いられた色名です。衣服の色としては広く用いられて、「朽葉四十八色」といわれるほどにさまざまなバリエーションがありました。**黄朽葉**《きくちば》、**赤朽葉**《あかくちば》、**青朽葉**《あおくちば》、**濃朽葉**《こきくちば》、**薄朽葉**《うすくちば》などです。

月数という鎧の、朽葉色の唐綾にてをどしたるを（保元物語）

英語にウィザード・リーフ（withered leaf）、リーフ・ベージュ（leaf beige）、デッド・リーフ（dead leaf）、フランス語にはフォイーユ・モルト（feuille morte）（枯葉）、中国語にも枯葉の色を表す**凋叶棕**《ティアオイエツォン》があります。

朽葉色

フォイーユ・モルト

黄朽葉　赤朽葉
青朽葉　濃朽葉
薄朽葉　凋叶棕
ウィザード・リーフ
リーフ・ベージュ
デッド・リーフ
フォイーユ・モルト

枯色《かれいろ》

江戸時代には、枯《か》れ野見《のみ》といって郊外の冬枯れの野の景色を見て歩くことが行われ、向島あたりはその名所でした。枯れた野の草のようなにぶい黄色を枯色といい、**枯草色**《かれくさいろ》ともいいます。

中国語の**枯緑**《クーリュー》は文字通り緑みの残った枯草の色。

枯草色　枯緑

枯色

松葉色／ゴヨウマツ

松葉色《まつばいろ》

季節の移ろいの中に暮らす日本人にとって、いつも緑の葉をつけて何年も生きつづけるマツは、長寿と不変の象徴でした。松葉色はマツの葉のくすんだ緑色。**松**《まつ》の**葉色**《はいろ》ともいいます。

小塩山《をしほやま》神のしるしを松の葉に　契りし色はかへるものかは（新古今和歌集）

松の葉色

エバー・グリーン　ever green

クリスマスツリーの歴史はそれほど古くはなく、十六世紀ごろのドイツで常緑樹を飾って新年を迎える習慣から始まったといわれています。常緑樹崇拝から、モミノキなどがよく使われます。

常緑樹の緑をエバー・グリーンといい、日本語では**常磐緑**《ときわみどり》、**千歳緑**《ちとせみどり》、**深緑**《ふかみどり》。中国語の**冬緑**《トンリュー》は冬の緑の葉の色です。

エバー・グリーン

常磐緑　千歳緑
深緑　冬緑《トンリュー》

ホリー・グリーン　holly green

クリスマスの飾りには、常緑で冬に赤い実をつけるヒイラギがよく用いられます。

その葉の濃い緑をホリー・グリーンといいます。

ホリー・グリーン／ヒイラギ

柳色《やなぎいろ》

『万葉集』にはヤナギを詠んだ歌が四十首近くあります。当時は柳の緑が生気を与えてくれるという信仰から、ヤナギの葉を輪にして頭に巻いたり髪に挿したりしました。柳色はヤナギの葉の色からつけられた黄緑色。英語にも**ウィロー・グリーン**（willow green）があります。

うちきに、やなぎのおり物の薄きおりもの重ねてきて(宇津保物語)

ウィロー・グリーン

柳色／シダレヤナギ

裏葉色《うらはいろ》

葉の裏は表にくらべて白みによっています。クズの葉はその典型としてとりあげられますが、ほかに**裏柳**《うらやなぎ》、**裏葉柳**《うらはやなぎ》なども色名として用いられ、襲《かさね》の色目にもこの名のものがあります。

裏柳　裏葉柳

裏葉色

アイビー・グリーン ivy green

ツタの葉のような暗い灰みの緑色。ブドウ科のツタはつるを伸ばして木や建物にからみ、秋には紅葉します。

アイビー・グリーン／ツタ

ミント・グリーン／ペパーミント

ミント・グリーン mint green

ミントは、ペパーミントなどシソ科ハッカ属の植物の総称です。その葉から採れるメントールは消化不良、神経症の薬ともされ、古代ローマでは宴会のテーブルをミントで飾り、料理にもミントで香りづけしたといいます。ミント・グリーンはミントの葉の色からつけられた明るい緑。中国語でも**薄荷緑**《ボーフーリュー》です。

薄荷緑

セージ・グリーン sage green

香草のセージは、シソ科サルビア属でヤクヨウサルビアともよばれます。その葉のような灰みの黄緑をセージ・グリーンといいます。

セージ・グリーン／セージ

レタス・グリーン／レタス

レタス・グリーン lettuce green

レタスの色の浅い黄緑色。ドル紙幣の色がこのような色であることから、アメリカの俗語ではレタスに「紙幣」の意味もあります。フランス語にはサラダ菜の色のサラド（salade）という色名もあります。

サラド

亜麻色《あまいろ》

アマはアマ科の一年草で、繊維を採るためにヨーロッパでは紀元前から栽培されていました。その繊維で織られるリネンは、柔らかくて光沢のある高級織物です。

亜麻色は英語では**フラックス**(flax)。アマ糸のような明るい灰みの茶色。淡い金髪の色の形容にも使われます。因みに、一般に金髪の色をさす**ブロンド**(blond)の語源は、「明るい黄色」といわれています。

ルーシーのアマいろのお下げ髪とピンク色の頬は
女性の美の最高なるものだった。
(V.ウルフ／波〈大沢実訳〉)

アマ

亜麻糸

フラックス　ブロンド

生成色《きなりいろ》

自然のままの繊維の色で、黄みがかった白です。

漂白する前の絹糸の色は練色《ねりいろ》といいます。**素色**《もといろ》という言葉もあったようですが、漢字の「素」は「しろ」とも読み、「人工を加えない生地のまま」の意味があります。

同様に現代になって色名として使われ始めた生成も、自然尊重の思潮から、人工を加えない天然素材の色をさしたもので、色としては練色と同じでしょう。ただ、練色が動物性である絹なのに対して、生成は木綿や麻など植物繊維のニュアンスが強いようです。

ワタの実

素色

アサ(大麻)

檜皮色《ひわだいろ》

ヒノキの樹皮のような暗い灰みの茶色。樹皮色《きはだいろ》ともいいます。平安時代からの古い色名です。

姫君、檜皮色の紙のかさね、ただいささかに書きて（源氏物語）

ヒノキの語源は「火の木」。昔、火を起こすのに用いられたことに由来します。幹は建築材とされ、樹皮では屋根を葺きました。

樹皮色

檜皮色／ヒノキ

樺色《かばいろ》

サクラの樹皮のような、赤みの茶色。

サクラの樹皮は昔から舟に貼ったり、曲げ物など細工物に使われました。

樺色／ヤマザクラ

蒲色《かばいろ》

ガマは川や池の浅瀬に生えるガマ科の多年草。花は単性で雌雄同株。その花粉は傷薬として用いられ、因幡の白兎がくるまったのはこの花粉だったといわれます。穂とよばれる茶色い部分は実です。

蒲色はガマの穂のような色で、樺色と同じような濃い赤みの茶です。茶みの濃いものを蒲《かば》茶《ちゃ》といいます。

蒲茶

蒲色／ガマの穂

青竹色 あおたけいろ

タケは古くから日本に自生しています。若いタケはひと月で十メートル以上にもなり、冬も緑なので、その生命力からめでたいものとして、松竹梅のひとつとなっています。青竹色は若いタケの色で、くすんだ青みの緑です。**若竹色**《わかたけいろ》、**老竹色**《おいたけいろ》、**煤竹色**《すすたけいろ》などの色名もあります。

宝暦五年の此より、江戸町々、男女、煤竹色の小袖はやる、羽織も帷子、単物、何れも煤竹なり（加藤曳尾庵／我衣）

若竹色　老竹色　煤竹色

青竹色／モウソウチク

バンブー bamboo

タケのほとんど自生しないヨーロッパでは、タケの色は青竹色ではありません。バンブーは乾燥したタケの黄みの茶色です。
中国語では青い竹の**竹緑**《チューリュー》です。

竹緑

タン tan

カシなどタンニンを多く含む樹皮はタン皮とよばれ、引きつぶして抽出したタンニンで皮をなめします。
タン皮の色をタンといい、「日焼け色」の意味もあります。

マホガニー mahogany

マホガニーは熱帯アメリカ原産のセンダン科の木。きめが細かく堅いので家具の材料に使われ、磨いて使い込むと独特の光沢が生まれて長持ちします。
色名のマホガニーはマホガニーの木材のような暗い茶色ですがその幅は広く、**マホガニー・レッド**（mahogany red）から**マホガニー・ブラウン**（mahogany brown）まで多様です。

海風にさらされて赤褐色（mahogany）に艶をつけられ上塗りされたマレー人の黄色い胆汁質の皮膚（T.D.クインシー／英国の阿片常用者の告白〈難波利夫訳〉）

マホガニー・レッド　マホガニー・ブラウン

マホガニー

コルク／コルクガシ

タバコ・ブラウン／タバコ葉干し

タバコ・ブラウン tobacco brown

熱帯アメリカ原産のタバコは、インディオの嗜好品でした。十六世紀にコロンブスがヨーロッパに伝え、日本には十七世紀にポルトガル人が伝えました。

タバコ・ブラウンは乾燥させたタバコの葉のような黄みの茶色。日本語では**煙草色**《たばこいろ》、中国語では**烟色**《イエンスー》。

煙草色　烟色

コルク cork

ワインの栓などに使われるコルクは、コルクガシの樹皮から採ります。地中海沿岸が原産です。植えてから二十年ほどで一回目のコルク質を剥がし、その後およそ九年ごとに二百～五百年間も採ることができます。

コルクのような明るい灰みの茶色の色名をコルクといいます。

シナモン cinnamon

シナモンは、クスノキ科の常緑中高木。その樹皮を乾燥させ、香辛料として使います。甘味、辛味と独特の芳香があります。和名はセイロンニッケイ。

色名のシナモンはこの香辛料の色の茶色。日本語では**肉桂色**《にっけいいろ》。

肉桂色

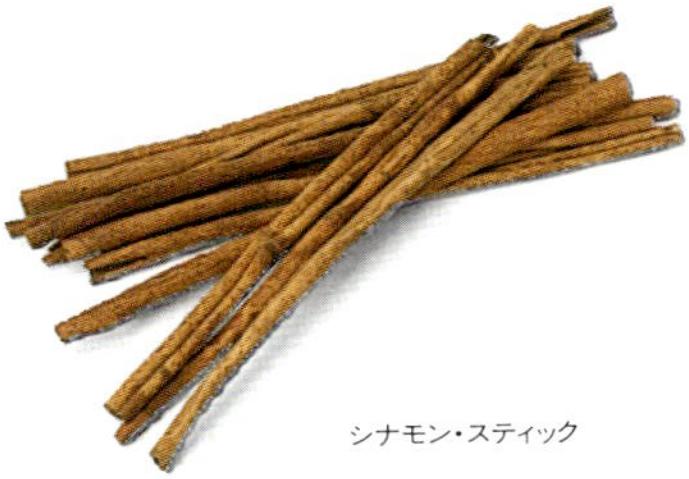

シナモン・スティック

ストロー straw

ムギの実を採ったあとの乾燥した茎が麦わら。ストローはその薄い赤みの黄色、日本語では**麦藁色**《むぎわらいろ》。中国語では**麦杆黄**《マイカンホワン》。

ムギは古くから栽培されていたので、麦わらも屋根を葺いたり帽子にしたり、さまざまに利用されました。

シオカラトンボのメスがムギワラトンボとよばれますが、その腹の麦わら色に由来します。

レグホーン (leghorn) はレグホーンハットとよばれる麦わら帽子の色です。

麦藁色　麦杆黄　レグホーン

金色に輝く麦畑

苔色

苔色《こけいろ》

一般にコケとよばれているのは、コケ類またはセンタイ類の植物の総称で、日本にはおよそ二千種あります。
苔色はコケの色からつけられたくすんだ黄緑色。英語でも**モス・グリーン**（moss green)、中国語にも**苔灰**《タイホイ》、**苔緑**《タイリュー》という色名があります。

モス・グリーン
苔灰《タイホイ》
苔緑《タイリュー》

木賊色《とくさいろ》

トクサは、トクサ科トクサ属。トクサ科は古生代に栄えた植物で、当時は三十メートルに達するものもありましたが、ほとんど絶滅して現在はトクサ属一属だけ。生きた化石のような植物です。茎が堅くケイ酸塩を含むので、昔から木材を磨くのに使われ、「砥草」とも書きました。
木賊色はトクサのようなにぶい青みの緑で、かつては一般に広く用いられる色名だったようです。

木賊の狩衣に、襖《あお》袴着たるが、いとことうるはしく、さやさやとなりて（宇治拾遺物語）

木賊色／トクサ

海松色／ミル

海松色《みるいろ》

ミルは、『万葉集』に破れた服のたとえとしても登場しています。食用にも虫下しの薬にもされた海草でした。

海松色はミルのような黄みによった灰みの緑で、オリーブの一種です。平安時代からの古い色名で、江戸時代には中高年向きの色として流行し、**海松茶《みるちゃ》**、**藍海松茶《あいみるちゃ》**などの色名も生まれました。英語には海の苔を表す**シー・モス**（sea moss）があります。

　細烏帽子に袖単白して、海松色の水干着たる調度懸六人（太平記）

海松茶　藍海松茶　シー・モス

麹塵《きくじん》

天皇が主要な儀式で着る袍《ほう》の色の黄櫨染《こうろぜん》に対して、平常の袍の色として平安時代から用いられた色で、禁色でした。**青白橡《あおしろつるばみ》**も同じで、灰みの緑です。

　麹塵の胴丸《どうまろ》に大口のそば高くとり（太平記）

コウジカビの色に由来するという説がありますが、このカビは酒や醬油、味噌などをつくるときに使われた有用菌です。中国語には**霉紅《チューホン》**というコウジカビからとった赤系の色名もあります。

青白橡
霉紅

麹塵／コウジカビとクロカビ

漆黒《しっこく》

黒漆のような深く光沢のある黒、あるいは真っ黒。

漆は、ウルシ科の木の樹皮から採れる樹液で、空気にふれて酸化すると黒変し、硬化します。硬化した漆は、化学的にも強く耐久性があるので、仏具をはじめ木工芸品に広く利用されます。縄文時代の鳥浜貝塚からも漆塗の櫛などが出土しています。

漆黒／ウルシの樹液

コラム5

心がつくる色

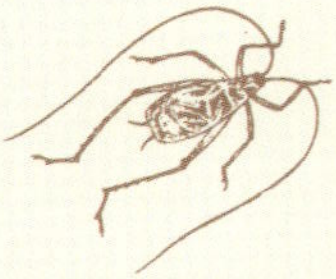

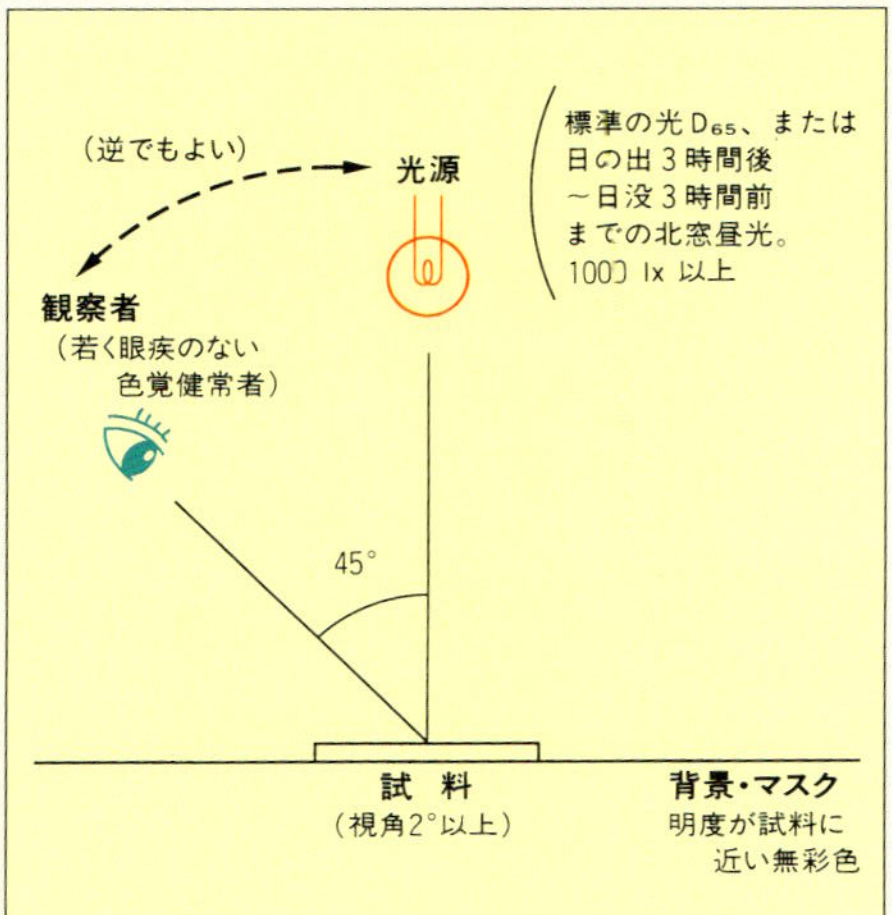

図2：標準的な色の見方
(JISZ8723-1961を中心に作成)

色の恒常性

本来、異なる種類の光源（たとえば太陽光と蛍光灯）のもとでは、同じイチゴでも異なる色の見え方をするはずです。ところが、私たちにふだん生活している中で、つまり太陽の光のもとで見たとき、イチゴがどんな色をしているのかを知っています。そのため、光源の色や明るさが太陽の色とは変わっても、その変化した照明のもとで見るイチゴの色を、すでに知っているイチゴの色に近づけて知覚してしまう、といったことが起こります。これを色の恒常性といいますが、意識することなく行われている、視覚のみごとな仕組みのひとつです。

本当の色は？

ある物体の表面の色の見え方は、その物体を照らしている光の性質と量、その物体をとり囲んでいる色の性質、そして見ている眼の性質の三つによって決まります。とりわけ照明の色の影響は大きく、たとえば赤いイチゴも、非常に巧みに選んだ青緑の光で照らせば、黒に近い灰色の光を眼にもたらします。また、同じ灰色でも、黒背景の中ではより明るく、白背景の中ではより暗く見えてしまいます。桜の花も、夜桜の方がより白さが目にしみます。したがって色彩の研究においては、図2のように色を見る条件を決めています。ただ、これも国際的にとり決めた標準的な見方というだけで、正しい色とか本当の色というわけではありません。本当の色とは、その時どきにその人が冷静に見つめて感じられる色以外にはないのです。

記憶がつくる色

また、私たちが覚え込んだ色はそのまま脳の中で保存されているのではなく、記憶の中で変容します。具体的には、その物の色の特徴をより強調する方向に変化するのです。色の特徴とは何といっても色みですから、色みを強調する、つまりより鮮やかな色として私たちはその色を記憶するわけです。また、明るい感じの色はより明るく、暗い感じの色はより暗めに記憶しているのがふつうです。さらに、しばしば色みもより純粋な色みとして記憶する傾向があります。

例をあげてみましょう。植物の葉の緑は、よく見ると黄みを含んでいるのがふつうです。ところが、記憶の中ではその黄みが消えてしまい、〝植物は緑〟となってしまうのです。また、肌色も実際に測定した肌の平均的な色より、はるかに明るくさえた色として記憶されています。印刷・写真・テレビなどで再現されている、肌色をはじめさまざまな物の色は、実物の色よりもこうして変容した記憶色、つまりより明るく鮮やかで純粋な色に再現されているのがふつうです。

色名が色を変える

色名について考えるうえでは、知覚に及ぼす枠組み・文脈、ひいては命名の効果も見逃せません。たとえば、あいまいな図形も〝顔みたいだ〟といわれて見ていると、次第に顔らしく見えてくるものです。色の場合も、日常生活の中で完全な白や黒を目にする機会はまずありませんが、「雪白」「漆黒」などと命名されることによって、より純粋な白や黒に近づけて感じとっているはずです。桜色もエメラルド・グリーンもオーロラも…私たちが熟知している事物の名が付されることから、連想が固定化され、記憶やイメージの中に描かれている、それらの事物に備わっている色の方向に吸い寄せて見られるわけです。さらに「秘色《ひそく》」「至極色《しごくいろ》」「ロイヤル・ブルー」…となれば、イメージはいっそうふくらみます。ある意味で、色名は色の見方を人びとに教えてくれているともいえるでしょう。

色は美化される

図3は、大勢の人たちの色の印象を調査したデータの一部です。ここでは、「ピンク」と「桃色」という二つの「色名」を与えた場合と、それらに相当する具体的な「色見本」を見せた場合とについて示しています。このデータからも、現実の色より色名の方が、〝軽快な、上品な、澄んだ、自然な…〟といった印象で語られていることがわかるはずです。色は、私たちの概念の世界、心の中では、いっそう美化され純粋なものとしてとらえられている、といってよいでしょう。色名は、現実の色を素材として、美しい心の色の世界をつくり出す手段ともいえます。

（近江）

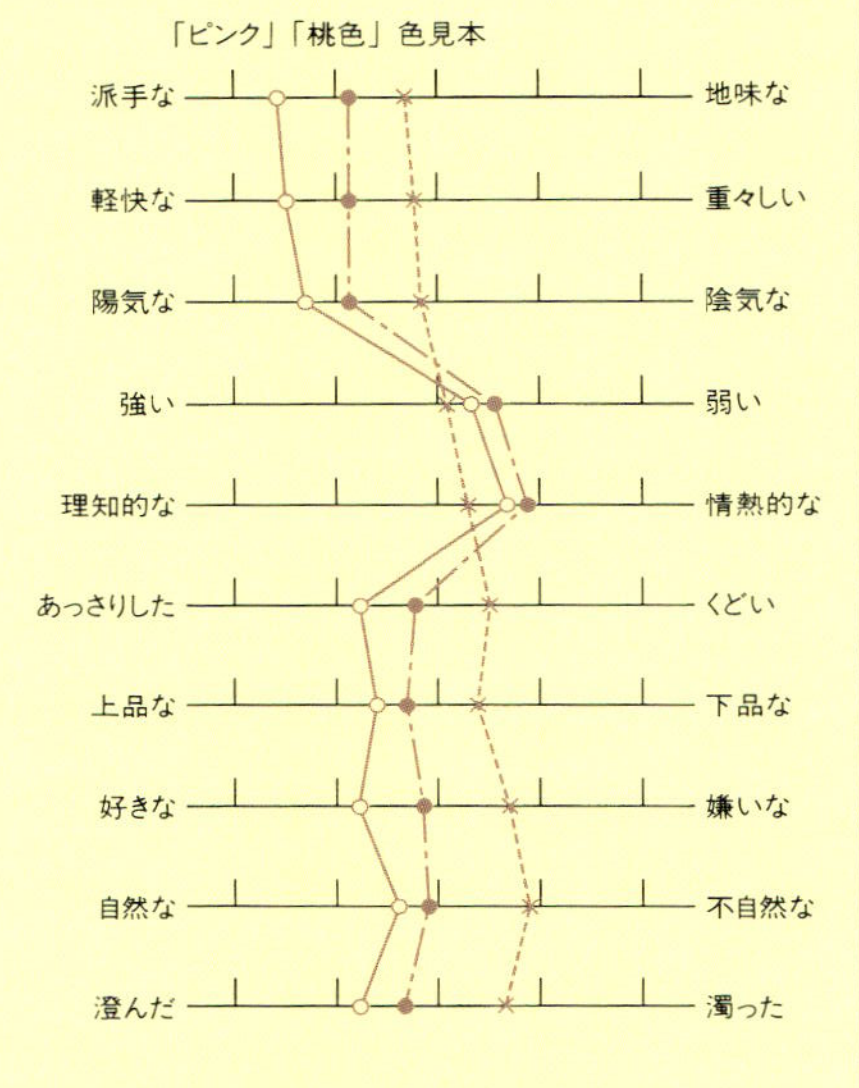

図3：色名と色とのイメージギャップ

5. 実と実りの章

黄金色の稲穂

オレンジ orange

オレンジの実の色からつけられた色名です。オレンジは南ヨーロッパでは古代から栽培されていました。ローマ時代以来、多産の象徴とされ、花嫁の髪にはその花を飾ります。

ゲーテは「赤黄色は快適で快活な感情を与えてくれるが、黄赤色はたえがたいほどの強烈さが現れてくる」と色の微妙な違いが人びとに与える効果の差を語っています。赤と黄との間の色を表す基本色彩語彙《ごい》でありながら、物の名前からとられた珍しい例です。

橙色《だいだいいろ》

『古事記』に記されている柑橘類伝来の記録は、ダイダイではないかといわれています。熟しても実が落ちにくく、収穫しないと二〜三年も枝についているので「代々」の名がつきました。子孫繁栄の願いを込めて正月の飾りなどに用いられ、漢方では皮を胃の薬にします。橙色は明治以降の色名で、ダイダイのような鮮やかな黄赤です。中国語では**橘橙**《チューチョン》、**橙色**《チョンスー》。

オレンジ

橙色／ダイダイ

柑子色《こうじいろ》

コウジは、日本で古くから栽培されていたミカンの一種。柑子色はその実からの色名で、鮮やかな黄みのオレンジ。蜜柑色より黄みによった色をさします。平安時代からある古い色名です。

いまだ色なりければ、かうじ色の袴着て、にぶ色のきぬどもきて(十訓抄)

柑子色／コウジミカン

蜜柑色《みかんいろ》

ウンシュウミカンのような強いオレンジです。

ウンシュウミカンは十六世紀に鹿児島県長島で生まれたといわれていますが、種子がないことから、食べると家系が途絶えるといわれました。

ウンシュウミカンが普及したのは明治であり、蜜柑色も新しい色名です。

メロン・イエロー melon yellow

メロンはウリ科キュウリ属。東洋のメロンは甜瓜《まくわうり》とよばれるマクワ。西洋のメロンはマスクメロンなどです。

メロン・イエローは西洋のメロンの果肉の色からとられた緑みの黄色です。

蜜柑色／ウンシュウミカン

レモン・イエロー／レモン

レモン・イエロー lemon yellow

レモンの果実の皮の色からとった、鮮やかな緑みの黄色。

ヒマラヤ原産のレモンは、飲み物や香料のほか整腸薬ともされました。爽やかな香りが好まれた反面、レモンには「愛嬌のない女」という意味もあります。

日本語で**檸檬色**《れもんいろ》。中国語で**檸檬黄**《ニンマンホワン》という色名もあります。

いったい私はあの檸檬が好きだ。レモンエロウの絵具をチューブから搾り出して固めたようなあの単純な色も、それからあの丈の詰まった紡錘型の恰好も（梶井基次郎／檸檬）

ライム・グリーン lime green

ライムの実のような明るい黄緑色。

インド北東部原産のライムをヨーロッパへ伝えたのは十字軍です。十八世紀にイギリス海軍の軍医が壊血病の予防効果に気づき、軍船にライムジュースを常備するようになりましたが、このためアメリカ人はイギリス軍の水兵を「ライミー」と蔑称したといいます。

ライム・グリーン／ライム

ライム・グリーン lime green

柑橘類のライムと綴りは同じですが、こちらはリンデンバウム、菩提樹の名で親しまれているセイヨウシナノキの別名。

ライム・グリーンはその果実の色に由来する明るい黄緑。

ライム・グリーン／セイヨウシナノキ

柿色《かきいろ》

カキは日本でも古くから栽培されています。カキは英語、ドイツ語、フランス語でもkakiです。

カキの果実の皮の色からとった色名としての「柿」は平安時代から用いられていますが、江戸時代には赤みのオレンジ色をさす代表的な色名でした。熟した柿の色からの**照柿**《てりがき》、**紅**《べに》**柿**《がき》、**洗**《あら》**い柿**《がき》、**洒落柿**《しゃれがき》、**薄柿**《うすがき》、**水柿**《みずがき》などは明るく淡いオレンジ色、濃くなって茶色によった色は**黒柿**《くろがき》。たいていはウメで染めました。

照柿　紅柿　洗い柿　洒落柿　薄柿　水柿　黒柿

柿色／カキ

一方、**柿渋色**《かきしぶいろ》あるいは略しての柿色は、柿の汁を布や紙に塗って防水、補強したときの色で、茶系。時間がたつとさらに暗くなります。歌舞伎では市川家ゆかりの色で、団十郎茶《だんじゅうろうちゃ》もこの系統の色。定式幕の萌葱、黒とともに用いられる柿色も同様です。また、柿色は中世以降アウトローの色とされ、山伏、一揆、悪党その他の衣類の色でもありました。

中国の色名では**柿紅**《シーホン》。

柿渋色
柿紅

プラム plum

セイヨウスモモのような暗い赤をさす色名。暗い紫色を表すプラム・パープル (plum purple) もあります。

プラム・パープル

プラム・パープル／プラム

ピーチ peach

モモは実を食べるほか、種子は咳止め薬に、葉は風呂に入れて桃葉湯とよばれ、あせもに効くとされました。ヨーロッパでも昔、モモの種子は赤ら顔に効くといわれ、モモの種子を煮詰めた汁で洗顔したといいます。ピーチには「かわいい人」という意味もあります。

色名のピーチはモモの果肉の色をさしますが、モモの花の色を表す色名はピーチ・ブロッサム（peach blossom）です。

柱は緑色の大理石、舗道は桃花色（peach-blossom）の一種の大理石でできていました。

（オスカー・ワイルド／漁夫とその魂〈林原耕三・八木毅訳〉）

アップル・グリーン／青リンゴ

アップル・グリーン apple green

リンゴは小アジア、コーカサス地方原産。古代ローマですでに食用に供されましたが、日本に渡来したのは江戸時代末期です。

リンゴは日本では赤が連想されますが、ヨーロッパでは青いリンゴも多く、アダムとイブが食べた禁断の果実も、絵画には緑色に描かれました。

アップル・グリーンは青リンゴの実の色を表す黄緑色です。

ピーチ／モモの実

アプリコット apricot

アンズの実の色からとられた色名で、浅いオレンジ。日本語には杏色《あんずいろ》という色名があります。

アンズは中国原産。日本にはかなり古くから咳止め薬の杏仁を採るために渡来し、『古今和歌集』にも「カラモモ」の名で登場します。

アプリコット／アンズ

チェリー cherry

ああ、彼女の其唇の……よく熟した桜桃《さくらんぼ》が接吻《キッス》してゐるやうな……人を唆《そそ》る其色！（シェイクスピア／真夏の夜の夢〈坪内逍遥訳〉）

サクラはバラ科サクラ属の植物です。サクラ属の花を観賞するのは日本のほかアジアの一部で、ヨーロッパではセイヨウミザクラなど果実をもたらす樹種が中心です。したがって、日本ではその花から桜色という色名が生まれましたが、欧米では実の色から、チェリー・レッド（cherry red）、チェリー・ピンク（cherry pink）などの色名が生まれました。

チェリー／サクランボ

ポムグラニット／ザクロの実

チェリー・レッド　チェリー・ピンク

ポムグラニット pomegranate

ポムグラニットはザクロのこと。その実の色からとられた、わずかに紫みによった強い赤です。人工染料によって得られた色につけられた、新しい色名です。

ストロベリー strawberry

シェイクスピアの作品にも庭に植えられたイチゴが登場しますが、当時は野生種を育てていただけで、現在のような栽培種が生まれたのは十九世紀です。日本には、江戸時代にオランダから渡来したため、オランダイチゴともいわれます。
色名はイチゴの実のような強い赤紫。日本語では**苺色**《いちごいろ》。

苺色

フランボワーズ

ストロベリー／石垣イチゴ

ラズベリー raspberry

ラズベリーはバラ科キイチゴ属。日本にもモミジイチゴなどが自生しますが、栽培されることは稀です。欧米では各地で栽培され、生で食べるほか菓子やジュース、酒もつくります。
ラズベリーはラズベリーの実の色からとられた濃い赤紫。フランス語では**フランボワーズ**(framboise)。

ラズベリー

桑の実色《くわのみいろ》

クワは「カイコが食べる葉」という意味の「食葉《くは》」が語源で、『日本書紀』にも登場します。桑の実色は熟したクワの実のような暗い紫で、英語では**マルベリー**(mulberry)です。

口説かれて桑の実程に色を替へ　(誹風柳多留)

マルベリー

桑の実色／ヤマグワの実

葡萄色《えびいろ》

葡萄は古くは「えび」と読みました。葡萄色はエビカズラともよばれるエビヅルの熟した実のような暗い赤で、**葡萄染**《えびぞめ》ともいいます。のちに海のエビと混同されて**海老色**とも書かれます。

エビヅルは日本の各地に古くから自生する小粒で酸っぱいヤマブドウの一種。『古事記』にも記述があります。葡萄色や葡萄染は平安文学にもたびたび登場する色名です。

紫の上は、葡萄染にやあらむ、色濃き小袿《うちき》、薄蘇芳の細長に、御髪のたまれるほど、こちたくゆるるかに（源氏物語）

葡萄染　海老色

葡萄色／ヤマブドウ

ワイン・レッド　wine red

ブドウは現在、世界最大の生産量を誇る果物ですが、その約八割はワインになります。ワイン・レッドは赤ワインの濃い赤紫です。

ヨーロッパには酒に由来する色名が多く、ワインでは赤ワインのボルドー（Bordeaux）、ブルゴーニュ（Bourgogne）、バーガンディー（Burgundy）、白ワインのシャンパーニュ（Champagne）のほか、ビンテージ（vintage）は優良ワインの意で紫みの赤、ビンヤード（vineyard）は葡萄園からの濃い赤紫、ワインボトルの色さえもボトル・グリーン（bottle green）という色名になっています。

ワイン以外では、リキュールのシャルトルーズ（chartreuse）、アブシンス・グリーン（absinth green）、ブランデーのコニャック（cognac）、ウイスキーのウイスキー（whisky）もそれぞれ色名になり、酒に由来する色名がほとんどない日本と対照的です。

平たい楕円形の樽の中には葡萄酒色（wine-coloured）のや草のような色の柘榴石が入っていました。

（オスカー・ワイルド／漁夫とその魂〈林原耕三・八木毅訳〉）

ボルドー　ブルゴーニュ

バーガンディー　シャンパーニュ

ビンテージ　ビンヤード　ボトル・グリーン

シャルトルーズ　アブシンス・グリーン

コニャック　ウイスキー

グレイプ　grape

ブドウの実の色を表す暗い青紫。中国でも**葡萄灰**《プータオホイ》。

人類とブドウとのつきあいは古く、新石器時代の遺跡からもブドウの種が見つかっています。原産地の西アジア、カスピ海沿岸からヨーロッパへ、またシルクロードを経て中国、日本へも伝わりました。

干しブドウのレイズン（raisin）も色名として使われます。

葡萄灰　レイズン

グレイプ

栗色／クリの実

栗色《くりいろ》

落栗とかや、何とかや、昔の人のめでたくしける色あひしたる、あはせの袴（源氏物語）

縄文時代の遺跡から、クリを使ったクッキーが出土したように、クリは有史以前から日本人の食物のひとつでした。

栗色はクリの実の皮のような灰みの茶色で、**落栗色**《おちぐりいろ》、**栗皮色**《くりかわいろ》、**栗皮茶**《くりかわちゃ》も同じ色をさします。また**蒸栗色**《むしぐりいろ》は蒸したクリの実のような淡い黄、**栗梅**《くりうめ》はやや赤みのやや明るい栗色です。中国語では**深栗色**《シェンリースー》。英語のマルーン(maroon)は大粒のスペイン栗のような明るい赤みの茶色。フランス語の**マロン・ショー**(marron chaud)は焼き栗の色。また、**マロン・グラッセ**(marrons glacés)も色名になっています。

落栗色　栗皮色　栗皮茶　蒸栗色　栗梅　深栗色
マルーン　マロン・ショー　マロン・グラッセ

ヘイズル hazel

カバノキ科の落葉樹ハシバミの熟した実の色からつけられた黄みの茶色で、ヨーロッパでは瞳の色の形容によく使われます。**榛色**《はしばみいろ》。

足下《おぬし》なぞは……足下の目の色が榛色（hazel）ぢやによって、そこで相手が榛の実を噛割ったと言ふだけの事で、闘争《けんくわ》を買ひかねぬ。
（シェイクスピア／ロミオとジュリエット〈坪内逍遥訳〉）

ヘイズル／セイヨウハシバミの実

ピスタシオ pistachio

ピスタシオは、中近東原産のウルシ科の落葉性高木で、地中海沿岸では四千年も前から栽培されています。色名は、その実の中身の色からとられた明るい灰みの黄緑色。

ピスタシオ

ウォルナット walnut

クルミは北半球の温帯地域の各地に自生し、古代から食料にされました。

ウォルナットはクルミのようなオレンジ色。もとは実の色を表しましたが、今はクルミの木材の色も表します。

日本の胡桃色《くるみいろ》は実の色ではなく、クルミの樹皮や実で染めた色を表します。

ウォルナット／クルミの実

クルミの実をかじるリス

茄子紺《なすこん》

インド原産のナスが、中国を経て日本に伝わったのは八世紀。ヨーロッパへ伝わったのは十三世紀ころです。

茄子紺はナスの実の色のような暗い紫です。中国語では**茄皮紫**《チェピーツー》、英語では**エッグプラント**(eggplant)、フランス語では**オーベルジーヌ**(aubergine)と、さまざまな言語で色名になっています。

茄皮紫
エッグプラント
オーベルジーヌ

茄子紺／ナス

パンプキン pumpkin

カボチャの実の中の色からの色名で、強い黄みのオレンジ。

カボチャは、秋の収穫祭やハロウィンで主役を演じますが、大きくてかさばるので、パンプキンという言葉には「バカな威張屋」という意味もあります。

中国語の**南瓜黄**《ナンクワホワン》は、チベット仏教の僧侶の衣の色です。

南瓜黄

キャロット・オレンジ carrot orange

ニンジンの色からつけられた明るい赤みのオレンジ。フランス語、イタリア語でも、ニンジンの色は色名として用いられています。赤毛の形容にも使われ、キャロットには「赤毛の人」という意味もあります。ルナールの『にんじん』は赤毛に悩む少年の物語です。

キャロット・オレンジ／ニンジンとハムスター

オリーブ

オリーブ　olive

オリーブは地中海沿岸で五千年以上前から栽培されています。若い実は塩漬けにし、熟した実からは上質な油が採れます。

ギリシャ神話では知恵の女神アテナがつくったとされ、聖書ではノアの方舟から放されたハトがオリーブの葉をくわえて戻ったことから、ノアは洪水が終わり陸地が現れたことを知りました。オリーブは平和と和解の象徴です。

色名のオリーブは、若い実の色からとられた暗くにごった黄ですが、わずかに緑みによっています。日本語では鶯色が近いでしょうが、ヨーロッパの諸語では基本的な色彩語彙のひとつで、広い範囲の色を表します。茶色によったオリーブ・ブラウン（olive browm）、黄みの強いオリーブ・イエロー（olive yellow）、緑みの強いオリーブ・グリーン（olive green）、灰みによるとオリーブ・グレイ（olive grey）などがあります。

オリーブ・ドラブ　olive drab

ドラブ（drab）には英語で「面白みのない」という意味がありますが、「灰みの茶色」をさす色名でもあります。さらに、オリーブ・ドラブとなると、オリーブより暗くにごった色をさします。OD色と略され、連邦基準でも規定された軍服や兵器の色、いわゆるカモフラージュのための色です。

ペッパー・レッド pepper red

トウガラシには栽培変種が多く、一般に辛いものをトウガラシ、辛くないものをピーマンとよびます。ペッパー・レッドは赤ピーマンや赤トウガラシの強い赤をさします。

ペッパー・レッド／赤ピーマン

芥子色《からしいろ》

マスタード

カラシナはアブラナの一品種。春に小さな黄色い花が咲き、やはり丸くて小さな黄色い種子ができます。葉も辛いことから「カラシナ」とよばれます。

日本の芥子はカラシナの種を粉末にして練ったもので、西洋のマスタードはシロガラシやクロガラシの種からつくります。

どちらもその色を表す色名として芥子色、マスタード（mustard）といいます。

カラシナ

山葵色《わさびいろ》

ワサビは日本特産で学名も*Wasabia japonica*。「ワサ（早生）ヒビナ（辛い菜）」がつまってワサビになりました。山間の清流に自生し、栽培もされています。

山葵色は、すりおろしたワサビのような緑色。

ワサビ

小豆色《あずきいろ》

アズキは英名もadzuki bean。日本での栽培の歴史は古く、『古事記』にもその名が見えます。その赤い色から、アズキには病を退ける力があるとされ、冬至にはいよいよ厳しくなる寒さにそなえて小豆粥を食べる習慣がありました。

小豆色はアズキのようなくすんだ赤です。**溜色**《ためいろ》も小豆色と同様の色ですが、漆塗の溜塗に由来する色名です。

違棚の高岡塗は沈んだ小豆色に古木の幹を青く盛り上げて（夏目漱石／虞美人草）

溜色

小豆色／アズキ

ピー・グリーン pea green

エンドウマメの実の色を表すにぶい緑色。中国にも**青豆色**《チントウスー》という色名があります。イギリスでは乾燥させたエンドウマメをつぶしてつくる、とろりとした黄緑色のスープの色が濃霧を連想させ、ロンドンの霧は「ピー・スープ（pea soup）」と表現されます。

青豆色

ピー・グリーン／エンドウマメ

メイズ maize

メイズは、トウモロコシの色からとられた浅いオレンジです。穀物、小麦、そしてトウモロコシをさすコーン（corn）も色名として用いられます。日本語でも**玉蜀黍色**《とうもろこしいろ》。熱帯アメリカ原産のトウモロコシは、インディオの主要な食べ物でした。コロンブスによってヨーロッパに伝えられ、世界中に広まりました。

コーン　玉蜀黍色

メイズ／トウモロコシ

小麦色《こむぎいろ》

コムギの種子のようなオレンジ色。英語ではホイート(wheat)。日本語では日に焼けた肌の色の形容に使われますが、フランス語では焦げたパンの色を表すパン・ブリュレ (pain brule) が日焼けした肌の形容になります。

小麦色／コムギ

ホイート　パン・ブリュレ

ビスケット biscuit

コムギは一万年ほど前、人類が最初に栽培した作物のひとつです。原産地の中央アジアから世界中に広がる間に、いろいろな食べ方が生まれました。最初は炒って食べたようですが、粉にして水で溶き薄く焼いたり、発酵させて焼いてパンにしたり、卵や砂糖を加えて焼き、ビスケットにもしました。色名はビスケットのような明るい灰みの茶色をさします。

飴色《あめいろ》

飴色は水飴のような濃いオレンジ色。水飴は、黒砂糖を溶かしたり、イモなどの澱粉に麦芽を加えてつくります。飴色の牛は「あめうし」といい、「黄牛」と書きます。

屋形なき車に逢ひたる、さる車に黄牛かけたる(枕草子)

英語にもキャラメル (caramel) という色名があります。

キャラメル

カカオの実

コーヒー・ブラウン coffee brown

炒ったコーヒー豆のような暗い黄みの茶色。

中国語では**珈琲色**《カフェイスー》。

エチオピア原産のコーヒーは、十三世紀にアラビア人の間に広まり、その後ヨーロッパにも伝わりました。十七世紀には、ロンドンに最初のコーヒーハウスができています。日本には江戸時代にオランダ人が伝えました。

コーヒー豆

チョコレート chocolate

チョコレートのような暗い灰みの茶色。

チョコレートの原料は熱帯アメリカ原産のカカオ。メキシコの原住民は、カカオからつくった栄養豊富で興奮作用のある飲み物を、「chocolatl(苦い水)」とよんで愛飲しました。それをコロンブスが持ち帰り、生まれたのが菓子のチョコレートです。

チョコレートの脂肪分を除いて粉にしたココア(cocoa)もまた、色名として使われます。

ココナッツ・ブラウン coconut brown

有史以前から栽培されているココヤシは「人類にとってもっとも有用な木」といわれます。茎は木材、葉はかごなどの編み物、実の皮の繊維は織物、果肉はケーキ材料、採れる油は石鹸やろうそく、未熟な実の中に入っているココナッツミルクは清涼飲料になります。

ココナッツ・ブラウンはココヤシの実の外皮の色で、暗い黄みの茶色です。

コラム6

視覚がつくる色

視覚の混色

「桜色」は桜の花ビラの色をさしているのでしょうが、桜の花ビラを一枚とって、“これが本当の桜色か”と観察した人はそう多くはないはずです。ふだん桜を眺めて感激するときには、花ビラだけではなく、ガクもオシベもメシベも枝も含めて、実にさまざまな色が入り混じった色を見ています。それどころか、一枚の花ビラも完全に均一な色ではありません。というわけで、大抵の物の色は、さまざまな色が寄り集まってできています。色紙のようなノッペラボーな色面は、自然界には多くはありません。

サクラの色

しかし、こうした色の集合も、遠く離れて見ると、混じり合って一色に見えてしまいます。布地が、離れて見ると均一な色に見えるけれども、目を近づけると微妙に色の異なる糸で織ってあることに気づくと同様です。小さな色の集合は、視覚的に混合してひとつの色として見てしまいます。いわゆる視覚的な混色ですが、ある意味では眼の精度の限界を超えた状態ともいえます。カラーテレビも、網点印刷も、そして点描派といわれる油絵の手法も、このような原理によっています。

視覚による混色の味わい

こうして視覚で混合された色は、もともと均一な色の面よりも、柔らかくあいまいな独特の味わいがあります。植物染料で染めた布がことのほか複雑微妙な味わいを感じさせるのは、このためです。物としては決して均一でなく、染めが不均一であったり、微妙に異なる色が入り混じっています。それを、見る人の視覚で混合するために、ある意味で見えが不安定になり、“味”がでてくるわけです。

藍染めの緯絣

藍染めの緯絣（拡大）

色の現れ方—表面色と面色と空間色—

印象派の画家、とりわけシスレー、ピサロなどは空や雲を執拗に描いています。ところで、いうまでもなく絵画は板や布あるいは紙に絵の具で描きます。いずれも〝物〟です。しかし、空や雲は既にのべたように物ではなく、光学現象です。両者の醸しだす印象は、どこかに違いがあります。この違いは次のように「色の現れ方」の差として説明できます。

表面色は、物体の表面の色です。金属も布も、花も葉も肌も、表面に色があります。見え方は、まさにそこに物があるという確かな存在の印象を持っています。硬く、そこまでの距離がはっきりしています。これに対して、空の色は軟らかく、どこまでも突き進んで行けそうな文字通り「ぬけるような」、距離感が不確かな見え方をします。これを面色といいます。また、透明なコップに入ったビールを透かして見るような状態を空間色（ボリューム・カラー）といいます。空間をある色が占めているような印象があり、ビールの色もその向う側の物の色も見えます。霞の先に家や木が見えれば、霞は一定のボリュームを持って空間色といえますが、濃霧が立ち込めて、霧以外何も見えなくなれば面色ということになります。海底が見えるような海水は、青みに見えてもやはり空間色です。このように、気象の色、水の色、炎や煙の色は、身のまわりに置かれている〝物〟とは、色というより〝現れ方〟見え方が異なっているわけです。

したがって、画家が空や雲や霞を描くときは、表面色である絵の具を使って、面色や空間色の現れ方を表現しなければなりません。この本の場合も同様で、表面色である印刷インクの色見本で、面色の空色や空間色のワインレッドの見本を示すわけですから、現れ方の違いは読者の連想力で補っていただくほかありません。

スコールの雲

（近江）

6. 染め色の章

友禅流し

紅《くれない》

べニバナで染めた鮮やかな赤で、わずかに紫みによっています。「紅《くれない》」の名は、「呉《くれ》(中国)から伝わった藍」という意味の「呉藍《くれのあい》」が転訛したもの。当時、藍は染料一般をさしました。

医みに「赤」にあたる中国語は「紅」で、赤十字は紅十字です。

べニバナは、西アジア原産のキク科カルタムス属の一年草。属名はアラビア語の「qurton(染めるの意)」に由来し、もっとも古い染料のひとつです。四千年以上前のエジプトのミイラもべニバナ染めの布に包まれていました。中国を経て日本に伝わったのは六～七世紀といわれます。

「末摘む花」ともよばれたべニバナは山形県最上地方が古くからの産地で、江戸時代には「片紅一両は金一両」といわれるほどに貴重な染料でした。そこで、スオウ、アカネなどで染めた似紅《にせべに》に対して、べニバナだけで染めた色を**紅色《べにいろ》**、**真紅《しんく》**、**深紅《しんく》**などと称しました。べニバナの色素は染料とするほか、口紅、頰紅などの化粧料としても珍重されました。

紅は、秘めた熱い思いを表す言葉として歌に詠まれます。

人しれずおもへばくるし紅の　すゑつむ花のいろにいでなむ(古今和歌集)

似紅　紅色　真紅　深紅

紅花染め／龍袍—中国・清代—

唐紅《からくれない》

紅は、薄いものから濃いものまでさまざまな名でよびわけられました。濃いものを**濃紅《こきくれない》**、薄いものを**薄紅《うすくれない》**といい、濃い紅は唐紅、**韓紅《からくれない》**ともいいます。「唐」や「韓」は舶来の意味を表すといわれています。**紅赤《べにあか》**という色名もあります。

ちはやぶる神世もきかずたつた川　から紅に水くくるとは(在原業平・古今和歌集)

濃紅　薄紅　韓紅　紅赤

ベニバナ

退紅《あらぞめ・たいこう》

「褪せた紅」のような薄い紅をさす退紅は、上代から使われていた色名です。**粗染**、**洗染**とも書きます。

ベニバナは定着しにくいので、キハダやウコンで下染めして発色したため、黄みをおび、にごった色になりました。

粗染　洗染

今様色《いまよういろ》

「今流行りの色」という意味で、「今」とは平安時代。紅の薄い色をさします。

濃き赤きなど、さまざま選らせたまひつつ、……紅梅のいと紋浮きたる葡萄染の御小袿《うちき》、今様色のいとすぐれたるとは、かの御料（源氏物語）

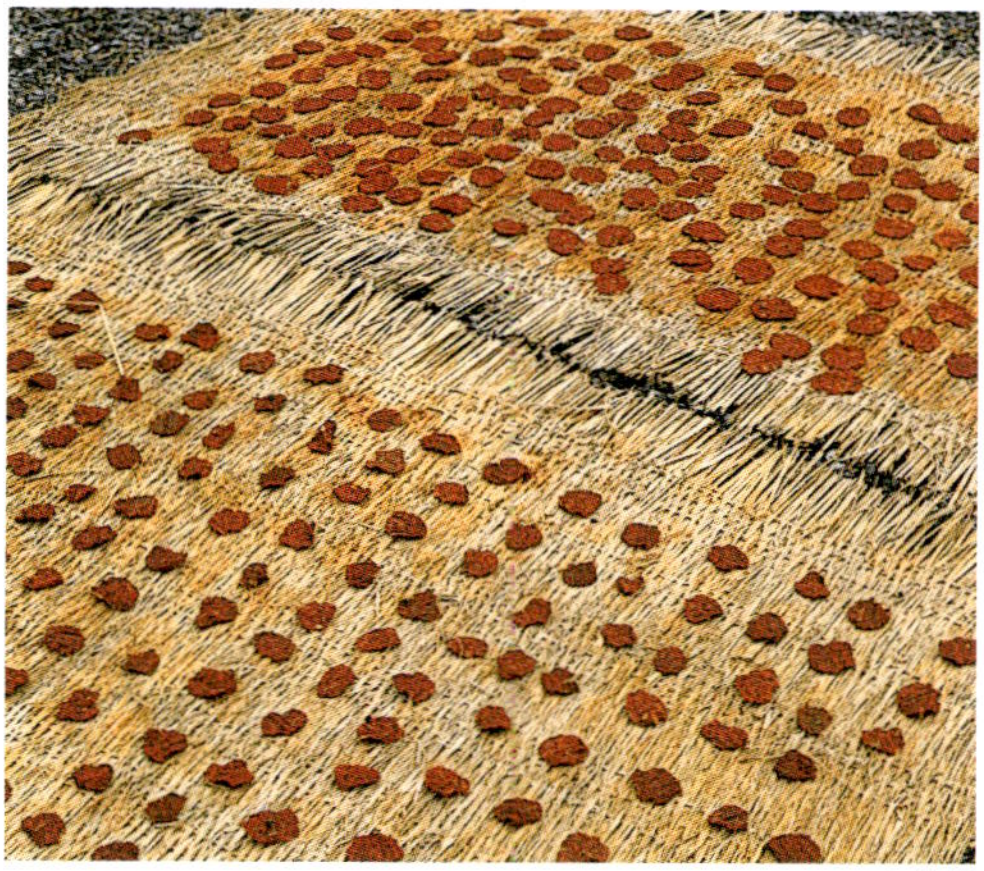
紅花餅

一斤染《いっこんぞめ》

ベニバナから濃い紅を染めるには、大量のベニバナと複雑な工程が必要であったため、平安時代、濃い紅は禁色として着用が制限されました。その結果、紅の薄い色がさまざまに用いられ、禁色に対して**聴《ゆる》し色《いろ》**とよばれました。

一斤染は、絹一疋《ひき》（二反）を一斤（六百グラム）のベニバナで染めたごく薄いピンクで、位のあまり高くない役人にも許される色をさしたものです。反対に、奈良時代の「紅の八塩」は八回も紅を染め重ねたほどの濃い色です。

色ゆるされたる人々は、例の青いろ赤いろの唐衣に（紫式部日記）

聴し色

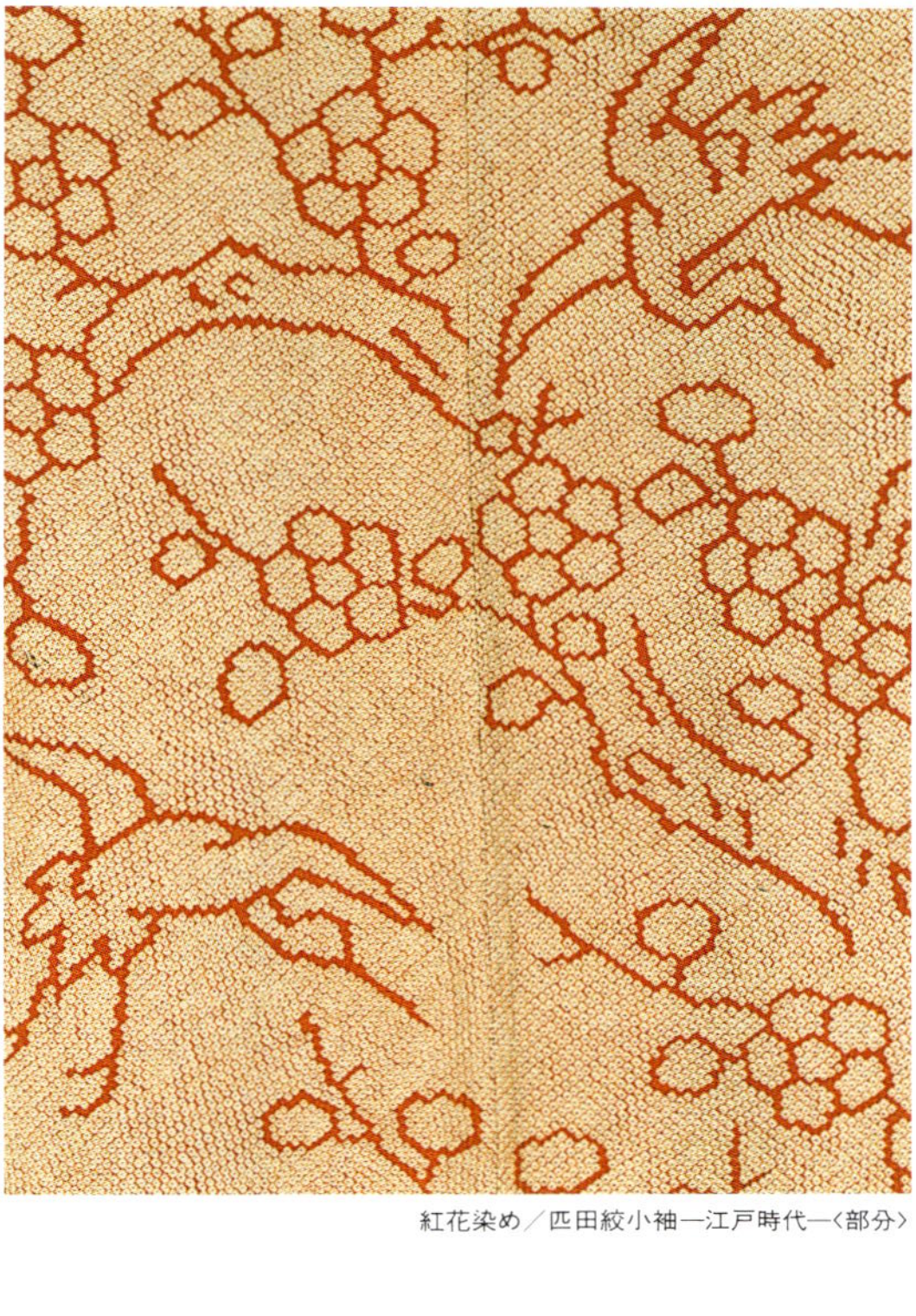
紅花染め／匹田絞小袖―江戸時代―〈部分〉

茜色《あかねいろ》

アカネで染めた暗い赤をさします。

植物染料には、薬用に用いられたものが多く、アカネ科の多年草であるアカネも、漢方では茜草根《せんそうこん》といい、止血剤、解熱強壮剤として利用されてきました。日本では本州以南の山野に自生しています。

アカネの名は、その「赤い根」に由来します。アイとともに最古の染料のひとつで、四千五百年前のインダス文明、モヘンジョダロ遺跡からもアカネ染めの木綿が出土しています。

ベニバナで得られる紅に対して、アカネから発色されるわずかに黄みをおびた鮮やかな赤が緋《ひ》で、ある時期は紫に次ぐ高位の色でした。緋色の薄い色は纁《そひ》といいます。

「茜さす」は「日、照る、紫」などにかかる枕詞です。

茜さす昼は物思ひぬば玉の　夜はすがらに哭《ね》のみし泣かゆ
（万葉集　巻十五）

アカネ

アカネの根

纁

マダー madder

西洋でのアカネ染めの色はマダー。十世紀にすでに色名として用いられており、ブラウン・マダー (brown madder)、パープル・マダー (purple madder)、ローズ・マダー (rose madder) などのバリエーションがみられます。このようにアカネは媒染を変えることによって、紫から赤、橙、黄とさまざまな色に発色することができます。

ブラウン・マダー
パープル・マダー
ローズ・マダー

茜染め／蒙古族首長上衣—中国・19世紀—

蘇芳色《すおういろ》

スオウは、ビルマ、インド、マレー半島など熱帯地方原産のマメ科の低木。日本には中国を経て、奈良時代には伝わっていたといわれています。

心材部の赤い色素を染料とし、媒染剤に明礬を使うと赤、灰汁を使うと紫みの赤に染まります。蘇芳色はくすんだ紫みの赤をさします。スオウは古くから広く普及した染色材料でしたが、ベニバナやムラサキに代わって赤系や紫系の染色にも用いられたため、スオウでの染色は似紅《にせべに》、似紫《にせむらさき》とよばれました。

紫の上は、葡萄染にやあらむ、色濃き小袿《こうちき》、薄蘇芳の細長に、御髪のたまれるほど、こちたくゆるるかに（源氏物語）

スオウの心材

蘇芳染め／草花文古渡印度更紗―インド・18世紀後半―

ヘンナ henna

ヘンナはインド、イラン、エジプトなどの熱帯に自生するミソハギ科の灌木です。

古代エジプトの女性は、その葉で爪を赤く染めました。四～五千年前のミイラの爪もヘンナで赤く染められています。呪《まじな》いの意味があったともいわれています。トルコやペルシャでは、髪や髭を染めるのに用いられ、ヨーロッパでもエリザベス一世の時代、ヘンナで髪を赤く染めることが流行しました。

現在でも、インド、中近東、北アフリカなどでは、手の平や足の裏、爪などにヘンナを塗る習慣があります。その染料の赤みの茶色をヘンナといいます。

丁字色《ちょうじいろ》

チョウジは東南アジアのモルッカ諸島原産のフトモモ科の常緑樹。その蕾《つぼみ》は古代から香料として用いられ、中国では前漢時代、皇帝と会話をする官吏はこれを口に含んだといいます。ヨーロッパでも四世紀には香料としての記述があります。英名はクローブ。

蕾の煎汁は染料として用いられ、その染め色を丁字色、**丁字染**《ちょうじぞめ》といい、**丁子色**とも書きます。またチョウジなどの香木で染めた色を**香色**《こういろ》といい、ほかに**伽羅色**《きゃらいろ》、**沈香色**《じんこういろ》、**木蘭色**《もくらんじき》などがあります。

香木で染めた衣や扇からは、ほのかにその香がただようといいます。香の木で染めるわけですから大変贅沢でした。江戸時代の丁字染は、ベニバナとクチナシによる染色です。

宮もおはしけり。丁子に深く染めたる薄物の単《ひとえ》を、
こまやかなる直衣《なおし》に着たまへる、いとこのましげなり。
（源氏物語）

丁字染
丁子色
香色
伽羅色
沈香色
木蘭色

チョウジの蕾

チョウジの蕾干し

楊梅色《やまももいろ》

ヤマモモは、日本の関東以西に自生するヤマモモ科の常緑樹。「山桃」とも書き、「山に生え、食べられる実が実る」ことに由来します。「楊梅」は中国名です。

「モモ皮」とよばれる樹皮は染料になり、染めると柿渋同様に耐水性が増すので、魚網なども染めました。ヤマモモで染めた色を楊梅色といい、平安時代から使われている色名です。

ヤマモモの実

オニグルミ

胡桃色《くるみいろ》

クルミ科クルミ属のオニグルミなどは、日本の各地に自生します。

クルミの染色は、奈良時代にもすでに行われていました。樹皮のほか、葉や果皮も染料とします。布だけでなく紙も染めました。その染め色を胡桃色といいます。

英語のウォルナットは十七世紀にすでに登場する古い色名ですが、こちらはクルミの実の色をさします。

桑染《くわぞめ》

クワはクワ科クワ属の落葉高木。

クワは、葉はカイコの飼料、実は食用、根の皮は漢方薬、幹は建築材になり、樹皮の煎汁は染料になります。

日本では、中国から伝わった桑染めが古代から行われていました。

クワで染めた色は桑染、**桑色**《くわいろ》、**桑茶**《くわちゃ》といい、江戸時代にクワの実で染めた赤紫系の色も桑染といわれることがあります。

桑色　桑茶

黄櫨色《はじいろ》

ハゼノキの心材の煎汁で染めた色を黄櫨色といいます。

ハゼノキは、古くは「ハジ」といい、「櫨」とも「黄櫨」とも書きました。ウルシ科ウルシ属の落葉高木。紅葉が美しいので**黄櫨**《はじ》**紅葉**《もみじ》という襲《かさね》の色目の名も生まれました。紅葉のあと、蠟を採るために実を収穫しました。「櫨ちぎり」は晩秋の季語です。

平安時代から現在まで、天皇の儀式のときの袍《ほう》の色である**黄櫨染**《こうろぜん》はハゼノキとスオウで染め、絶対禁色でした。

実がついたハゼノキ

黄櫨紅葉　黄櫨染

茶色《ちゃいろ》

チャは中国南部原産のツバキ科ツバキ属の常緑低木。カフェイン、タンニン、ビタミンCを含み、中国では古代から薬として飲まれていました。日本へは八世紀ころ、ヨーロッパへは十六世紀ころに伝わりました。

茶色はもとはチャで染めた色をさしましたが、江戸時代になって、茶系統の色に染まった色全般を、英語の**ブラウン**(brown)のように茶色というようになりました。鼠色とともに流行し、**黒茶**《くろちゃ》、**焦茶**《こげちゃ》、**金茶**《きんちゃ》、**媚茶**《こびちゃ》などのほか、人名に由来する**利休茶**《りきゅうちゃ》、**遠州茶**《えんしゅうちゃ》、**光悦茶**《こうえつちゃ》、**団十郎茶**《だんじゅうろうちゃ》などの色名も生まれました。

抹茶色《まっちゃいろ》は抹茶のような黄緑色です。

茶色の中で暗くやや赤みの茶系の色は**褐色**《かっしょく》といいます。

チャ

ブラウン
黒茶　焦茶
金茶　媚茶
利休茶　遠州茶
光悦茶　団十郎茶
抹茶色　褐色

支子色《くちなしいろ》

クチナシで染めた色で**梔子色**とも書きます。「口無し」にかけ、**謂**《い》**わぬ色**《いろ》ともいいます。

クチナシはアカネ科クチナシ属。日本から中国南部が原産地。中国では古代から、芳香のある花を茶の香づけに、実を薬用に、また着色料、染料として用いました。日本でも天平時代には支子染めの記録があります。皇太子の袍《ほう》の色である黄丹《おうたん》に似ているため、禁色にされた時代もあります。

空蝉《うつせみ》の尼君に、青鈍《あおにび》の織物、いと心ばせあるを見付けたまうて、御料《おんりょう》にある梔子の御衣《おんぞ》、聴《ゆる》し色《いろ》なる添へたまひて（源氏物語）

クチナシの実

梔子色　謂わぬ色

刈安色《かりやすいろ》

カリヤスで染めた明るい黄色ですが、わずかに緑みをおびています。カリヤスはイネ科ススキ属。その名は「刈り易い」ことに由来します。日本には中国から渡来し、古代から染料として用いられており、アイとかけて緑を染めることもできます。八丈島を産地とする絹織物、黄八丈の黄色は「八丈刈安」の別名を持つコブナグサで染めます。

八丈刈安（コブナグサ）染め／黄八丈—江戸時代—

地刈安に銀泥にて水を書き、
金泥にてかへでを書きたる直垂《ひたたれ》に
（太平記）

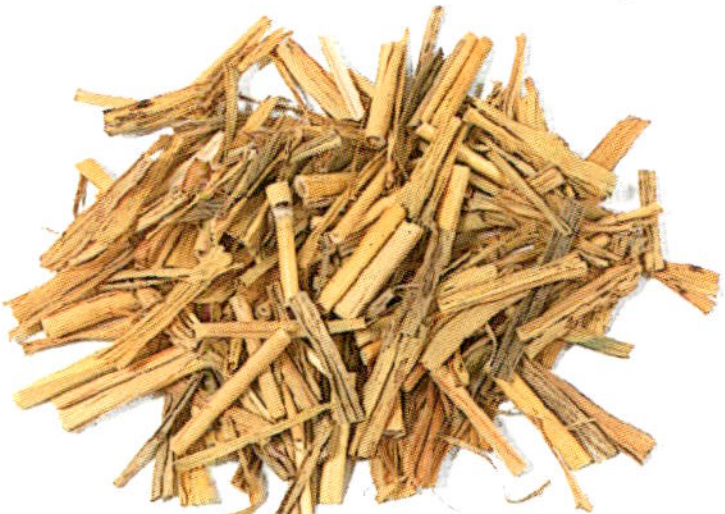

断裁したカリヤス

黄蘗色《きはだいろ》

キハダはミカン科キハダ属の落葉高木。その名は、幹の内皮が黄色いことに由来します。この黄色い樹皮は古代から薬や染料として用いられ、漢方では黄柏《おうばく》とよばれ、整腸剤として用いられます。

キハダで染めた強い黄色を黄蘗色といいます。キハダで染めた紙には防虫効果があるので、経文や戸籍、文書などの紙を染めるのにも用いられました。

黄蘗に染めたるものは黄なるが如く（正法眼蔵随聞記）

キハダの幹の内皮

鬱金色《うこんいろ》

ウコンは、インド、熱帯アジア原産のショウガ科クルクマ属の多年草。属名は「黄色」を意味するアラビア語の「kurkum」に由来します。古名は黄染草《きぞめぐさ》。英名はターメリックです。古くから香辛料、食品の着色料、健胃や止血剤などの薬、染料として用いられ、インドでは生命力の象徴とされて宗教儀礼に用いられます。日本へは九世紀ころ伝わりました。カレーや沢庵の色づけに用いる黄色です。

鬱金色はウコンの根で染めた強い赤みの黄色で、江戸時代からの色名です。英語のターメリック(turmeric)は十七世紀ころから使われている色名です。

ウコンの葉と根

一度私は象が通り
過ぎるのを見ました。
その鼻は朱(vermilion)
と鬱金色(turmeric)に塗られ、耳には真紅
(crimson)の絹糸の網がかけてありました。
〈オスカー・ワイルド／漁夫とその魂〈林原耕三・八木毅訳〉〉

ターメリック

鬱金染め／神父のマント(裏)—スペイン・19世紀—

サフラン・イエロー saffron yellow

地中海東部原産のサフランはアヤメ科クロッカス属。赤い雌しべが薬用、香料、染料になり、ヨーロッパでは三千年以上前から利用されています。百グラムの染料を採るのに一万五千本もの花が必要といわれ、高価な染料です。

雌しべを乾燥させた染料での染め色をサフラン・イエローといいます。ギリシャ神話では、酒の神バッカスや王女アンドロメダもサフラン染めの衣を着ていたとされます。

花に由来するヨーロッパの色名は、だいたい花の色をさしますが、この色は染料からとった数少ない例です。

サフラン

藍色《あいいろ》

青は藍より出て藍より青し（荀子）

アイはアカネとともに最古の染料のひとつです。日本の藍色は、タデ科の一年草であるアイ（タデアイ）で染めた鮮やかな青です。

アイの葉を発酵させて蒅《すくも》とし、瓶の中で石灰と灰汁、清酒などを加え、さらに発酵させて染められる状態にすることを「藍を建てる」といいます。藍が建つと瓶には藍の泡、藍華《あいばな》が生まれます。濃い藍色は、藍瓶の中に糸や布を浸したのち、空気に当てて酸化させることを何度も繰り返して染めます。

藍染めは、ほかの染料では染まりにくい麻や木綿などの植物繊維にもよく染まり、堅牢で褪色しにくく、さらに虫よけやマムシよけにもなることから、身分の高い人から庶民まで広く用いられ、江戸時代には庶民の褻《け》の色でした。

中国語では黛藍《タイラン》。

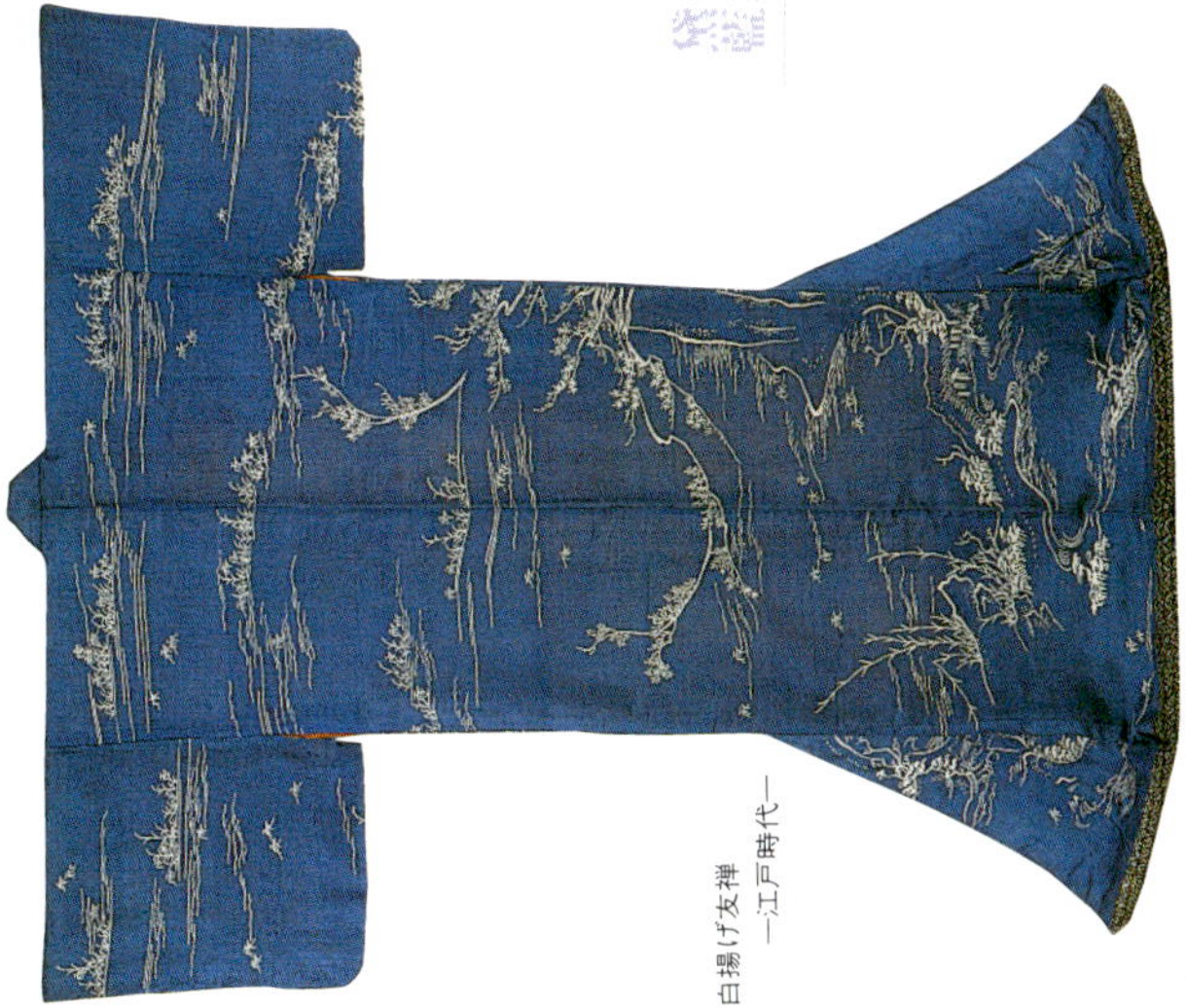

藍染め／白揚げ友禅
—江戸時代—

アイの葉

アイ畑

藍瓶

浅葱色《あさぎいろ》

藍染めは薄く染めると緑みにより、濃く染めると紫みによります。浅葱色は明るい青緑系の色で、日本の伝統色名にはこの系統のものが少ないので、代表的な色名です。

古くは「浅黄」と書き、薄い黄色を表す色名がありましたが、中世には薄い青を表すようになり、青の意味を示すために「葱《ねぎ》」の字に変えて「浅葱」としたともいわれます。**錆浅葱《さびあさぎ》**、**浅葱鼠《あさぎねず》**など多くの色名が生まれました。

江戸時代、江戸勤番の田舎侍が着物の裏に浅葱木綿を用いていたことから、「浅葱裏」は田舎侍をさし、野暮の代名詞でした。

一方、明治以降に化学染料で染めた明るい青緑色は、新橋の芸者の間で流行し、**新橋色《しんばしいろ》**とよばれました。


浅葱にて殿上にかへり給ふを、大宮は飽かずあさましき事とおぼし(源氏物語)

錆浅葱　浅葱鼠　新橋色

縹色《はなだいろ》

アイで鮮やかな青を染めるには、キハダで下染めしてからアイをかけました。これに対して縹色は、アイだけで染めた純粋なアイの色です。藍色は江戸時代からの色名ですが、縹色は奈良時代からの古い色名で、**花田色《はなだいろ》**、**花色《はないろ》**ともいいました。衣服令では縹を四段階に分け、**深縹《ふかはなだ》**、**中縹《なかはなだ》**、**次縹《つぎのはなだ》**、**浅縹《あさはなだ》**としました。

浅縹の海賦の織物、織りざまなまめきたれど、にほひやかならぬに、いと濃き掻練具して、夏の御方に(源氏物語)

花田色　花色　深縹　中縹　次縹　浅縹

瓶覗き《かめのぞき》

藍染めは、**白藍《しらあい》**、**薄藍《うすあい》**、**中藍《なかのあい》**、**濃藍《こきあい》**など、微妙に違う色にそれぞれ名がつけられています。

藍瓶に浸す回数の少ない、ほんの少し瓶を覗いただけのような、ごく薄い藍色を瓶覗きといいます。**白殺し《しろころし》**ということもあります。藍染めのもっとも薄い色のひとつで、水色は平安時代からの色名ですが、こちらは江戸時代に登場しました。江戸時代の人の遊び心がつけた色名でしょう。

白藍　薄藍　中藍　濃藍　白殺し

納戸色《なんどいろ》

納戸色は、江戸時代に使われるようになった色名で、藍染めのくすんだ色を表しますが、その由来にはいくつかの説があります。衣服を納める納戸部屋のうす暗い色、そこに出入りした役人の服の色、納戸にひかれた幕の色、藍染めの布を納戸にしまったことに由来するなど。

暗い灰みの青をさす代表的な色名で、藤納戸《ふじなんど》、**桔梗納戸**《ききょうなんど》、**鉄納戸**《てつなんど》、**納戸鼠**《なんどねず》などの色名が生まれました。

桔梗納戸　鉄納戸　納戸鼠

紺色《こんいろ》

藍染めのもっとも濃い色で、わずかに紫みによっています。

茄子紺《なすこん》、**紺青**《こんじょう》、鉄紺《てつこん》、**紺藍**《こんあい》、**紫紺**《しこん》、「これ以上濃くならない」という意味の**留紺**《とまりこん》などの色名もあります。

江戸時代には染め屋が紺屋《こうや》とよばれるほど広く普及した色です。

年四十ばかりなる男の鬚黒きが……紺の水干《すいかん》を着て（今昔物語集）

紺青　紺藍　紫紺　留紺

褐色《かちいろ》

藍染めは、瓶覗きのようにごく薄い色から浅葱、縹、藍、そして紺と濃くなりますが、さらに黒に近くなってしかも赤みを含まない色を褐色、**搗色**《かちいろ》、**搗染**《かちそめ》といいました。藍を浸透させるために臼で搗《か》つ（つく）ことからの名ですが、「勝つ」に通じ、**勝色**《かちいろ》ともいいました。

我恋は逢初めてこそ増りけれ　しかまのかちの色ならぬ共（詞花集）

搗色　搗染　勝色

山藍摺《やまあいずり》

タデアイが中国から渡来するまでは、日本に自生するトウダイグサ科の多年草であるヤマアイを布に摺りつけて染めました。**青摺**《あおずり》ともいいます。

御をぢの頭の中将、蔵人の少将など、小忌にて、青摺の姿ども清げにめやすくて

（源氏物語）

青摺

ヤマアイ

二藍《ふたあい》

「紅《くれない》」は古くは「呉藍《くれのあい》」と書きました。そのため、ベニバナの「紅《くれのあい》」とアイの「藍《あい》」の二つの「藍」で染めた色を二藍といいます。くすんだ青紫色です。

紅掛花色《べにかけはないろ》も同様に、紅と花色（縹色）から染めた色です。

二藍の直衣《なおし》、指貫《さしぬき》に、紅の打ちたる、白きひとへをぞ着たる（栄華物語）

紅掛花色

インドアイ

インディゴ indigo

藍は藍の色素インディゴを持つ植物の総称です。インドではマメ科のインドアイ、中国や日本ではタデ科のタデアイ、ヨーロッパではアブラナ科のタイセイで、それぞれ青系の色を染めました。インドアイは、紀元前二千年ころには染料として用いられ、近世になって伝えられたヨーロッパでも、タイセイに代わって普及しました。

インドアイからつくる暗い紫みの青い色をインディゴといいます。イギリス海軍の制服が濃いインディゴ染めだったので、濃いインディゴの色は**ネイビー・ブルー**（navy blue）とよばれます。**サックス・ブルー**（saxe blue）も藍染めの色を表す色名です。

ネイビー・ブルー　サックス・ブルー

インディゴ染め／チャパン（婦人用コート）―ウズベキスタン・20世紀初期―

紫《むらさき》

あかねさす紫野ゆき標野ゆき　野守は見ずや君が袖ふる（額田王・万葉集　巻一）

この歌は、薬草としてのムラサキ摘みのときの歌ともいわれています。ムラサキ科の多年草であるムラサキの根は、漢方では解熱、解毒剤でした。

その根で染めた色が紫色。乾燥したムラサキの根を粉にし、水に入れて、ツバキなどの灰汁を媒染剤として染めます。**紫根色**《しこんいろ》ともいいます。根を砕いた汁で摺り染めした色は**根摺**《ねずり》**の色**《いろ》といいます。

スペクトル、つまり太陽の光には紫に相当する単色光はなく、赤と青とを混色してできます。「紫」の「此」は止《あし》と比《ならぶ》で両足が揃わないという意味からつくられた会意文字です。つまり、赤と青とを混ぜた不揃いな色。『論語』でも「紫の朱を奪うを悪《にく》むなり」とさげすんでいます。中国では正五色（赤、青、黄、白、黒）ではない間色とされた時代があります。

ツユクサ

露草色《つゆくさいろ》

植物染色の始まりは、花や葉の汁をそのまま布に摺りつける摺り染めでした。

ツユクサは、日本でもっとも早く摺り染めが行われた花のひとつ。青花、着草、月草、鴨頭草《つきくさ》、うつしばななどたくさんの異名を持ちます。

ツユクサで染めた明るい青を露草色といい、**花染**《はなぞめ》、**うつし色**ともいいます。ツユクサで摺り染めした青は、しばらくすると失われます。その性質を利用して、現在は染めの下絵を描くのに利用されます。

「つきくさ」は「うつる」「消える」などにかかる枕詞です。

つき草に衣はすらむ朝露に　ぬれてむ後はうつろひぬとも（万葉集　巻七）

紫根色　根摺の色

花染　うつし色

ムラサキ

ムラサキの根

似紫《にせむらさき》

紫根染めはたいへん高価だったので、紫根の代わりにアイで下染めした上にスオウなどで染めることもあり、そちらの色は紫根で染めた本紫《ほんむらさき》に対して似紫とよばれました。

そのほか江戸時代には京紫《きょうむらさき》、江戸紫《えどむらさき》などの色名も生まれました。江戸紫と京紫の違いには諸説ありますが、江戸紫は青みによった紫で今紫《いまむらさき》とよび、京紫は赤みによった紫で古代紫《こだいむらさき》とよぶのが一般的なようです。

濃色《こきいろ》

花も糸も紙もすべて、なにもなにも、むらさきなるものはめでたくこそあれ（枕草子）

紫は、日本では推古十一（六〇三）年の「冠位十二階」の制色で最高位の色とされて以来、「高貴な色」のイメージがありました。濃色、薄色《うすいろ》といえば紅の濃い色、薄い色をさすこともありますが、普通はそれだけで紫の濃い色、薄い色をさし、その中間の色を半色《はしたいろ》、灰みによった色を滅紫《けしむらさき》といいます。

平安時代、紫は美の象徴とされ、文学でも特別な意味を持って語られます。

「むらさきの」は「匂う（美しく輝くの意）」にかかる枕詞、「紫のゆかり」は「ある関係から情愛が及ぶこと」を意味し、紫色はゆかりの色ともよばれました。

白き袷、薄色のなよよかなるを重ねて（源氏物語）

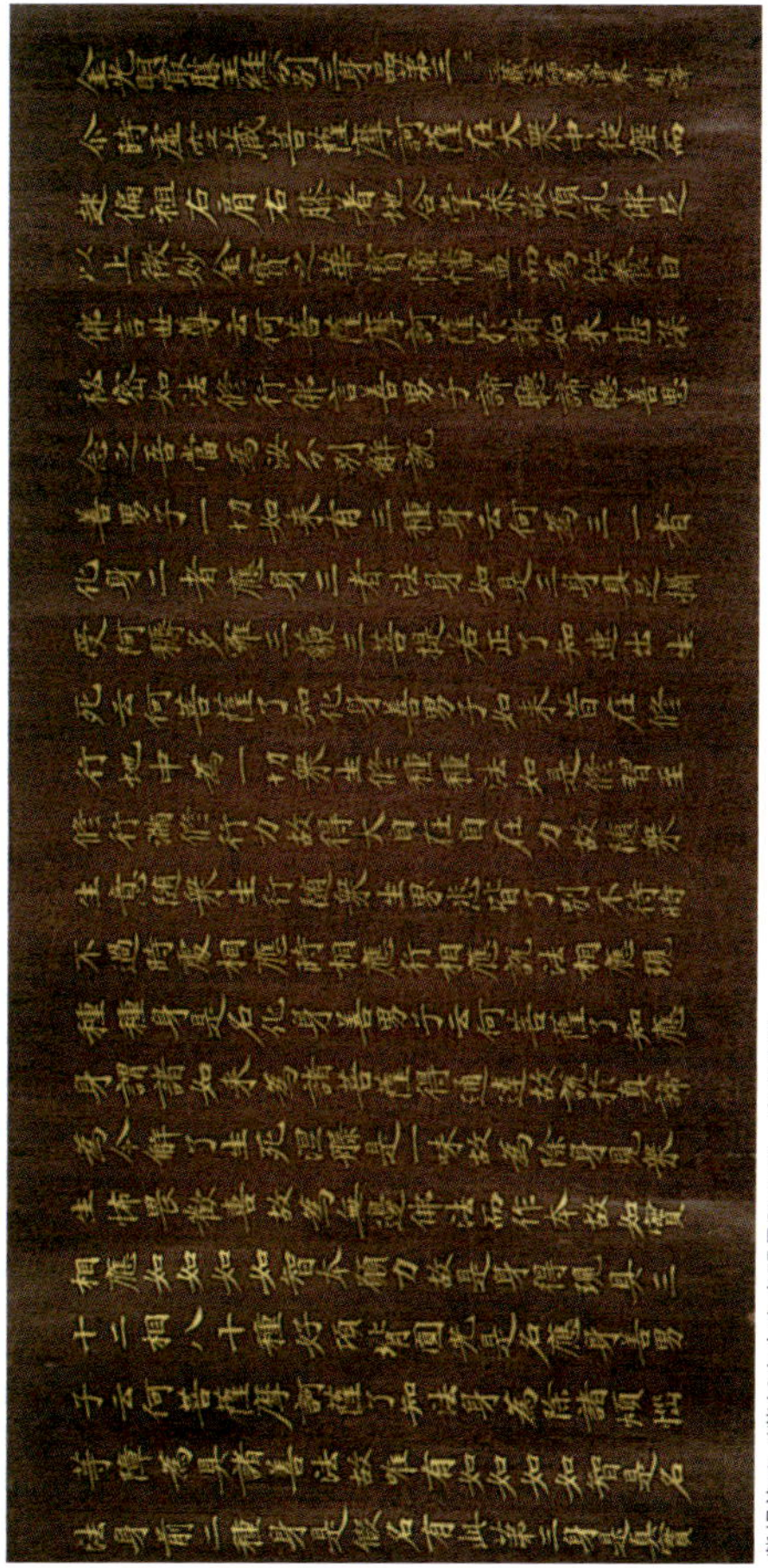

紫根染め／紫紙金字金光明最勝王経—奈良時代—

橡色《つるばみいろ》

橡はブナ科コナラ属のクヌギの古名。その実であるどんぐりや樹皮で染めた色が橡色です。クヌギは本州以南の各地に自生し、染めも堅牢なので、古代は庶民の服の色とされ、華やかで褪めやすい紅に対して、地味でも変わらない妻にたとえられたりしました。

紅は移ろふものぞ橡の　馴れにし衣になほ若かめやも（万葉集　巻十八）

橡による染色は媒染によってさまざまに変わり、素染めでは亜麻色に近い色ですが、灰汁を使うと黄茶の色に、鉄媒染では黒っぽい色、すなわち黒橡《くろつるばみ》になります。奈良時代の橡は黒橡をさしたようです。黒橡は平安以降に貴人の喪服の色とされました。

クヌギのドングリ

空五倍子色《うつぶしいろ》

ウルシ科ウルシ属のヌルデの枝に、アブラムシ科の昆虫ヌルデノミミフシアブラムシの幼虫が寄生すると、木の中のタンニンが集まって五倍子《ふし》とよばれる虫こぶができます。この五倍子は、古くから薬用や染料、そしてお歯黒にも利用されました。五倍子で染めた、暗くにごった茶みをおびた色を空五倍子色といい、喪服に用いられました。

世をいとひこのもとごとにたちよりて　うつぶしぞめの麻のきぬなり（古今和歌集）

ヌルデの五倍子（虫こぶ）

虫こぶの断面

柴色《ふしいろ》

柴《ふし》は雑木の意。柴色は柴染めの色のことで諸説あり、クリ、クヌギなどの雑木で染めた色とも、クスノキ科のクロモジで染めた色とも、ヤシ科のビンロウジュで染めた色ともいわれています。柴染《ふしぞめ》ともいいます。

鈍色《にびいろ》

平安時代から使われている色名で、青みの灰色をさします。染め方や語源には諸説ありますが、カシワやクヌギなどの樹皮による染色で、鈍い色一般を表す色名だったようです。平安時代には喪服などの凶色とされました。青みのものを青鈍色《あおにびいろ》といいます。

夕暮の雲のけしき、鈍色に霞みて

（源氏物語）

涅色《くりいろ》

涅は川底などの黒土の意。古代には黒土の中に布を浸して染める原始的な染色が行われていたといわれます。涅色は黒土やその染め色を表す茶みの黒です。

金の涅に黒まず、蓮の水に染まぬごとくなり（無住一円／沙石集）

泥染め／マリの泥布―20世紀―〈部分〉

泥染め／大島紬―明治初期―〈部分〉

臙脂色《えんじいろ》

濃い赤をさします。「臙」は燕《えん》の国に由来するといわれ、もともと中国渡来の発色材の名前でした。植物性と動物性とがあり、前者はマダー（アカネ）などによるもので、ヨーロッパでも古くから用いられ、正臙脂といわれます。これに対してカイガラムシ科のラックカイガラムシやコチニールカイガラムシなどの昆虫の分泌液による動物性のものを生臙脂と区別します。ラックカイガラムシは、インド産のインドイチジクやナツメなどの木に生息する昆虫で、古代インドでも染料として用いられていました。

生臙脂は大量の虫を必要とする貴重な色でした。正倉院御物に「紫鉱《しこう》」とあるのも、この染料だといわれています。象牙の染色など工芸品に、また日本画の絵の具にも用いられました。

臙脂色という色名は明治以降のものです。人工染料で容易に発色できるようになったため、目新しい色として流行し、この色名が定着しました。

臙脂色は誰にかたらむ血のゆらぎ　春のおもひのさかりの命
（与謝野晶子）

ゑんじ色に人は袂を染めなれて
まだしと云ひぬわが濃紫
（与謝野鉄幹）

ラックダイ（ラックカイガラムシの分泌物）

カーマイン
スカーレット

クリムソン crimson

ヨーロッパにも、カシの木に生息するタマカイガラムシの一種のケルメスがあり、英語で濃い赤を表す色名のカーマイン（carmine）や、やや紫みのクリムソンの共通の語源といわれます。メキシコ産のコチニールカイガラムシが用いられるようになっても色名はそのまま残りました。

スカーレット（scarlet）もケルメスで染めた色ですが、カーマインやクリムソンより鮮やかな黄みの赤です。

あはれ、ロォザラインの彼《あ》の星のやうな目附《まみつき》、あの高々とした額、あの真紅《まっくれない》（scarlet）の唇……
（シェイクスピア／ロミオとジュリエット〈坪内逍遥訳〉）

ケルメス

コチニール cochineal

中南米では、ウチワサボテン属のサボテンに寄生する、コチニールカイガラムシで赤を染めました。その染め色をコチニールといいます。マヤ文明の遺跡からもコチニール染めの布が発掘されています。インディオは、トウモロコシを焼いたトルティーリャの着色や、口紅としても利用しました。

十六世紀、スペインのメキシコ侵略によりヨーロッパに伝えられ、ケルメスよりも染料として有用なのでヨーロッパでも用いられるようになりました。

日本へは江戸時代末期に伝わりました。

ケルメス染め／アフガニスタンの経絣―19世紀―

コチニールカイガラムシ

コチニール染め／アンデスの古代裂―6～12世紀―

パープル purple

日本で高貴な色とされた紫は、ムラサキという植物の根で染めた色でした。一方、ヨーロッパで最高の権威を象徴する色でもあるパープルは、ツロツブリボラなどアクキガイ科の貝のパープル腺から分泌される粘液で染められた鮮やかな紫です。古代フェニキアの港チルの名に因んでチリアン・パープル（Tyrian purple）ともいいます。

地中海に生息するこれらの貝の粘液に布を浸し、それを太陽にさらすという作業を何度も繰り返してようやく鮮やかな紫色になりますが、一グラムの染料を採るのに二千個の貝が必要といわれるほど、たいへん高価な色でした。クレオパトラは、舟の帆をパープルに染めたといわれています。古代ローマ帝国で皇帝の色とされ、ローヤル・パープル（royal purple）ともよばれます。

チリアン・パープル
ローヤル・パープル

ツロツブリボラ

中南米では、マヤ族やインカ族がアクキガイ科のサラレイシガイで紫色を染め、現在でもメキシコのインディオがこの染めを行っています。

日本でも、志摩半島の海女は、アクキガイ科のイボニシで襦袢の隅に星などを紫色で染め、魔除けにしたといいます。

貝紫染め／糸束—グアテマラ・19世紀—

貝紫染め／髪飾り—グアテマラ・19世紀—

コラム 7

重色目《かさねのいろめ》

重色目《かさねのいろめ》について

平安時代以降の配色の基本形式で、男女を問わず大宮人の装束の色の組み合わせに当てはめたほか、懐紙《かいし》・料紙《りょうし》など、調度にも使われました。

もっとも一般的なのは、袷《あわせ》の衣類での表地と裏地との配色で、合色目ともいいます。十二単《ひとえ》のように何枚も重ね着をする場合の配色もあり、「襲色目《かさねのいろめ》」はこれをさすことが多いようです。また、布の緯糸と経糸を異なった色で織り、玉虫色のような複雑な見え方をもたらす場合も重色目の名でよばれました。

合色目には二〇〇を超える種類が伝えられていますが、四季折々の植物や自然の風物に因んだ配色と命名とがされています。季節の移ろいに対する日本人の関心を反映した美意識の表現であり、生活様式であったといえるでしょう。一部には四季を通じて用いられる色目もありますが、ほとんどは着用する季節が限定されています。さらに年齢や行事などによる限定もありました。組み合わせ方としては、同一色相・類似色相など、似た色相での配色が主流ですが、赤系と緑系、紫系と黄系のような対照色相の配色も多少は含まれています。また、トーンの関係で見ると、白との組み合わせ以外では近似のトーンの配色が多く、対照トーンのものは少ないようです。用いられる色は、明るい色、鮮やかな色が多く、暗い色やにぶい色はわずかです。当時の日本人の色彩観の一端がうかがわれますが、同時に発色技術の限界も影響しているかもしれません。また、表地が薄い場合は裏地の色が透けて見え、視覚的に混色されるので、柔らかくかつ複雑な印象が醸しだされます。

襲色目では、衿や袖口に多色配色が見られるわけですが、同系色相の濃淡で構成する「匂《におい》」や、下二領を白にする「薄様《うすよう》」、同系の色相を混ぜて用いる「村濃《むらご》」などがあり、多様性と同時に統一性に配慮しています。

(近江)

紅の薄様《くれないのうすよう》

紫の村濃《むらさきのむらご》

春

紅梅匂《こうばいのにおい》

桜重《さくらがさね》

桜萌黄《さくらもえぎ》

若草《わかくさ》

裏山吹《うらやまぶき》

青柳《あおやなぎ》

夏

若苗《わかなえ》

菖蒲《しょうぶ》

蟬の羽《せみのは》

卯の花《うのはな》

橘《たちばな》

薔薇《そうび》

秋

九月菊《くがつぎく》

紅葉《もみじ》

桔梗《ききょう》

朽葉《くちば》

月草《つきくさ》

女郎花《おみなえし》

冬

枯野《かれの》

雪の下《ゆきのした》

氷重《こおりがさね》

雑

二つ色《ふたついろ》

松重《まつがさね》

葡萄染《えびぞめ》

7. 土や石の章

ブライス・キャニオン—アメリカ・ユタ州—

埴《はに》

花や草をその衣に摺りつけて色を染めるよりさらに以前から、人は赤や黄色の土をからだや洞窟の壁に塗ることによって色を使い始めました。人類が行った彩色の最古の証拠は、五万年以上前のネアンデルタール人の骨に残された赤土の色です。死者を赤い土で彩色し埋葬したと考えられています。ラスコー洞窟の壁画の赤も土の色です。

日本でもその土を埴土《はに》、光映土《はえに》、黄土《はに》とよび、その色を埴生色《はにゅういろ》といいました。埴輪の「埴」も、この赤土のことです。

ラスコー洞窟の壁画

いずれも酸化鉄の土の赤で、英語では**オクサイド・レッド**(oxide red)です。

白砂《しらまなご》三津の埴土《はに》の色に
出でて　言はなくのみぞ
我が恋ふらくは(万葉集　巻十一)

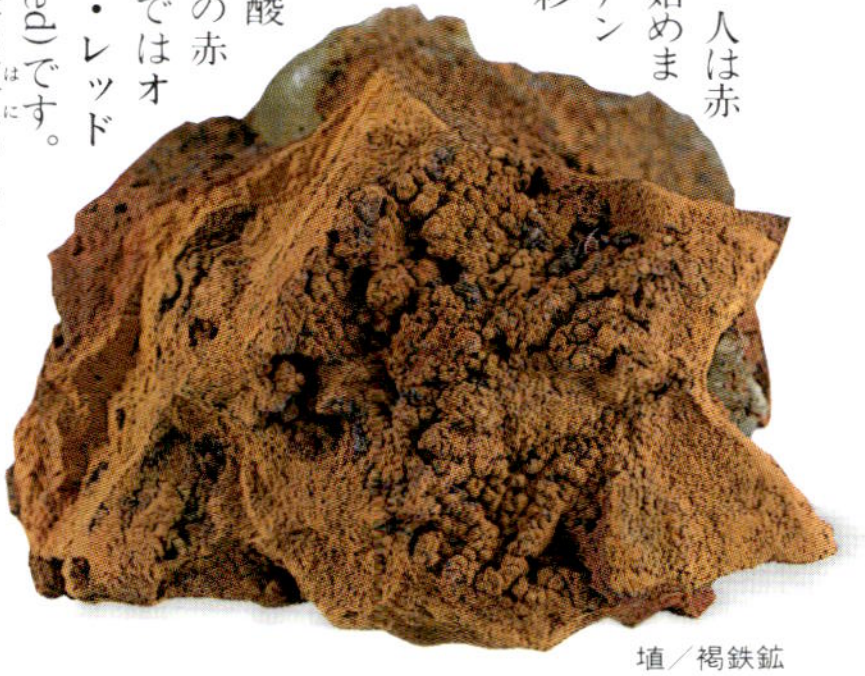

埴／褐鉄鉱

埴輪—古墳時代—

埴生色　オクサイド・レッド

弁柄色《べんがらいろ》

鉄分を含んだ赤土は、成分によって赤や黄、茶褐色のものがあり、これを焼いて赤みをました土もまた顔料として使われます。そして、これらの土の色はそれぞれの産地や製法に因んだ名でよばれています。

インドのベンガル地方の土は弁柄色で、塀や格子など建物の色としても用いられます。中国山西省代県の土は**代赭色**《たいしゃいろ》で、日本画の赤の代表です。イタリアのウンブリア地方の土を**ロウ・アンバー**(raw umber)、それを焼いた**バーント・アンバー**(burnt umber)。イタリアのシェーナの土は**ロウ・シェーナ**(raw sienna)、それを焼いた**バーント・シェーナ**(burnt sienna)。ベニスの赤の**ベニチアン・レッド**(Venetian red)。**テラコッタ**(terracotta)はイタリアで焼いてつくった酸化鉄の顔料の色です。

代赭色
ロウ・アンバー
バーント・アンバー
ロウ・シェーナ
バーント・シェーナ
ベニチアン・レッド
テラコッタ

シナバー／硫化水銀

丹色《にいろ》

丹《に》は、「赤い土」の意味です。古代から使われていた赤い顔料には、酸化鉄、硫化水銀、酸化鉛などがありますが、古代の人々はそれを成分の違いで正確によびわけていたわけではなく、どれもみな「丹」ともよびました。酸化鉛の鉛丹も赤いので丹色とよばれました。**鉛丹色**《えんたんいろ》ともいいます。

鉛丹には錆止めの効果があります。現在もペンキを塗る前に塗る錆止めはこの鉛丹です。

鉛と鉛白を熱した一酸化鉛の顔料を**マシコット**(massicot)、その東洋の名を**密陀僧**《みつだそう》といい、色名としても使われます。

春されば花咲きををり秋づけば丹の穂にもみつ……

（万葉集　巻十三）

鉛丹色　マシコット　密陀僧

丹色／鉛丹

朱《しゅ》

天然の硫化水銀の原鉱を朱砂《しゅさ》、真朱《しんしゅ》といい、中国の辰州産のものが有名であったので、その色を中国語で**辰沙**《チェンシャ》、日本語では**辰砂**《しんしゃ》といいます。中国の正五色のひとつで、紅、緋よりさらに黄みによった色です。英語で硫化水銀の色を表す色名、**シナバー** (cinnabar) の語源も東洋にあるのではないかといわれています。

人工の硫化水銀の色は、**銀朱**《ぎんしゅ》といい、天然のものより鮮やかです。現在はその色を朱色といいます。英語では**バーミリオン** (vermilion)。

古代から朱色は権威の象徴でした。古代中国では名門の家は天子から門に朱を塗ることを許され「朱戸」とよばれました。日本でも宮城の正門である朱雀門の色でしたし、神社の鳥居の色、朱墨、朱肉の色でもあります。

細い行の間へべた一面に朱を入れた何枚かの原稿を（芥川龍之介／戯作三昧）

辰沙　辰砂　シナバー　銀朱　バーミリオン

黄丹 おうたん・おうに

黄丹《おうたん》は、もとは顔料の鉛丹の別名。ベニバナとクチナシで染めた染め色が、鉛丹の色に似ているのでその名を借りて黄丹といいます。強いオレンジ色です。

八世紀以来、現在も皇太子の袍《ほう》の色です。かつては一般の使用が禁じられた禁色のひとつでした。

皇太子礼服　礼服冠。黄丹衣。（令義解）

サンド sand

砂のような灰みの黄色を表す色名です。日本語では砂色《すないろ》。
フランス語にはサハラ砂漠の色を意味するサハラ（Sahara）という色名もあります。

わしの猟犬は、彼の砂色（sanded）をした、腭《あぎと》の大きいスパルタ種を育てたのだ。
（シェイクスピア／真夏の夜の夢〈坪内逍遥訳〉）

砂色　サハラ

サンド／砂丘

ストーン・グレイ stone grey

石のような灰色をストーン(stone)、ストーン・グレイといいます。

ストーン

黄土色《おうどいろ》

黄土は乾燥地帯から運ばれた砂塵が堆積したものです。北半球の各地に見られ、古代の絵の具のひとつです。その黄土の色を、中国語では土黄《トゥホワン》、日本語では黄土色、英語ではオーカー(ocher)、イエロー・オーカー(yellow ocher)といいます。

黄土染めの糸束

土黄　オーカー　イエロー・オーカー

土色

カーキ khaki

戦《いくさ》が剣や刀で行われていた時代、戦の服は自己を主張し奮い立たせるものでなければなりませんでした。源平の武将は緋おどしの鎧を着け、中世ヨーロッパの騎士は赤や青に金銀の装飾を加えた服をまといました。しかし、近代ではその必要もなくなり、実用的で堅牢なあるいは目立たない戦闘服に変わりました。

カーキはサンスクリット語で「土」の意。十九世紀中期にインドに駐留していたイギリス軍の軍服の色として使われるようになり、一般にも普及しました。日本語でも**カーキ色**ですが、昭和九年に**国防色**《こくぼうしょく》とよぶ運動を陸軍省が推進し、普及しました。

カーキ色　国防色

砥粉色《とのこいろ》

砥粉色は、刃物を研いだときに出る砥石の粉の色です。この粉は化粧や漆器の下塗りなどにも使われます。

土色《つちいろ》

しめった土のような色。黒みをおびた茶色をさし、憔悴した顔色の表現に使います。**土気色**《つちけいろ》。

土気色

煉瓦色《れんがいろ》

煉瓦は酸化鉄を含む粘土を焼いてつくります。ヨーロッパでの煉瓦の歴史は古く、メソポタミアでは紀元前五千年ころから用いられました。日本では明治以降、煉瓦建築がつくられましたが、耐震性が低いので、現在は主に内外装の装飾に使われます。
煉瓦の赤っぽい色を煉瓦色、英語でブリック・レッド (brick red)、粘土を焼いてつくる屋根瓦や化粧タイルの色をタイル・レッド (tile red) といいます。

ブリック・レッド　タイル・レッド

煉瓦色

生壁色《なまかべいろ》

塗りたてで、まだ乾ききっていない壁の色を表す色名で、茶みの灰色です。

石板色　スレート・ブルー　スレート・バイオレット

スレート・グレイ slate grey

ヨーロッパで屋根瓦に用いられる、粘板岩の薄い板の色をスレート・グレイといいます。暗い灰色で、日本語では**石板色**《せきばんいろ》。スレート・ブルー (slate blue)、スレート・バイオレット (slate violet) という色名もあります。

土器色《かわらけいろ》

素焼きの陶器は平安時代の宮中でも使われていました。その黄色の黒ずんだ色を土器色というようになったのは中世からです。

あおじ　秘色　セラドン

青磁色《せいじいろ》

青磁は中国で古代から焼かれていた磁器で、日本にも平安時代に伝わりました。その淡い灰みの緑を青磁色といいます。平安時代には「**あおじ**」ともいいました。**秘色**《ひそく》ともよばれますが、その理由は、中国の秘色窯で焼かれたからとも、その色が神秘的な味わいを持つからともいわれています。英語の**セラドン** (celadon) もこの色をさす色名です。
黄み、緑み、青みさらに濃淡の微妙な変化が味わい深い色をもたらします。

明石の御方のは、…紅梅ふたり、桜ふたり、あをじの限りにて、衵《あこめ》濃く薄く、うち目などえならず着せ給へり（源氏物語）

青磁色／青磁管耳花瓶―中国・南宋～元時代―

雄黄《ゆうおう》

植物染料はしばしば漢方薬としても用いられるように、人体に有効なものが多いのに対して、鉱物系の顔料は毒性のあるものが少なくありません。雄黄《ゆうおう》も、硫化砒素を主成分とする毒性の強い顔料で、色名としても使われます。石黄《せきおう》ともいい、中国語では石黄《シーホワン》。強い毒性にもかかわらず、鮮やかな黄色の雄黄は十五世紀のベネチア絵画でも用いられました。英語ではオーピメント (orpiment)。ポイズン・イエロー (poison yellow)(毒の黄) ともよばれました。雌黄《しおう》は植物樹脂で、藤黄《とうおう》ともいわれ、日本画の黄系絵の具の代表です。

石黄　石黄　オーピメント　ポイズン・イエロー　雌黄　藤黄

雄黄／硫化砒素

鉛白《えんぱく》

「唐の土」ともよばれた塩基性炭酸鉛の顔料の白色です。英語ではホワイト・レド (white lead)。ヨーロッパでも日本でも、かつては白粉《おしろい》に使われていましたが、毒性が強く、現在は使われていません。

ホワイト・レド

ネイプルス・イエロー

Naples yellow

十九世紀にクローム顔料が製造されるまで、黄色の顔料の代表だった鉛アンチモン化合物の顔料の色です。中世にはナポリで用いられていたので、この名があります。ルネッサンスの画家たちに愛用された顔料です。

チョーク

チョーク

chalk

チョークは白亜紀の有孔虫やアンモナイト、貝などの化石が堆積したもので、古代から絵の具として使われてきました。古代ローマでは鉛白とともに白粉《おしろい》としても使われました。その白色をチョークといい、日本語では白亜《はくあ》といいます。白い顔料にはほかに、カキなどの貝殻を焼いてつくった胡粉《ごふん》があります。胡の国から渡来したという意味で、白系の代表的な絵の具の色です。

いやしげなるもの……あたらしうしたてて、桜の花おほく咲かせて、胡粉、朱砂など色どりたる絵どもかきたる(枕草子)

白亜　胡粉

緑青／銅経筒―平安時代―

緑青《ろくしょう》

銅の錆からの化合物、緑青は古代から使われている顔料のひとつです。飛鳥時代に中国から伝わった日本絵の具の代表的な色ですが、寺院の装飾や彫刻にも用いられました。そのくすんだ緑色を緑青といいます。

天然に土中から採れるものは**銅青**《どうしょう》、**石緑**《せきろく》ともよばれ、それぞれ色名としても用いられます。**青丹**《あおに》は岩緑青の古名。岩緑青の色を表し、「奈良」にかかる枕詞です。

中国語では**銅緑色**《トンリュースー》。

緑青の、さらに粒子が細かく白に近くなった色が**白緑**《びゃくろく》です。

春よりさきにしためぐみたるわか葉のろくしゃう色なるが、ときどき見えたるに（右京大夫集）

銅青　石緑　青丹　銅緑色　白緑

マラカイト・グリーン　malachite green

日本で孔雀石とよばれるマラカイトは、緑青に近い成分の銅鉱物です。古代から使われている顔料のひとつで、クレオパトラのアイシャドウはキプロス産のマラカイトだったといわれています。古代の化粧は目や口を守る呪《まじな》いや薬の意味もあったようです。

マラカイトの深い緑色をマラカイト・グリーンといいます。バイス・グリーン（bice green）は低品質のマラカイト顔料の色です。

バイス・グリーン

マラカイト・グリーン／マラカイト（孔雀石）

ラピス・ラズリ

ラピス・ラズリ lapis lazuli

ラピス・ラズリは、もっとも古くから珍重された鉱物のひとつです。土の黄色や炭の黒などは容易に入手できる色でしたが、青い鉱物はたいへん少なく、特に強い紫みの青のラピス・ラズリは、アフガニスタンなど限られた地域でしか産出しません。ツタンカーメン王の腕輪に使われたのもラピス・ラズリです。

海を越えて伝わったという意味で、**ウルトラマリン**(ultramarine)ともよばれます。たいへん貴重な顔料なので、キリスト教絵画では聖母マリアの服に使う色だったことから、**マドンナ・ブルー**(madonna blue)ともいわれます。

日本では瑠璃とよばれ、仏教の七宝のひとつです。その色を**瑠璃色**《るりいろ》といいます。

瑠璃の経巻は霊鷲山《りゃうじゅせん》の暁の空よりも緑なり（栄華物語）

スマルト smalt

古代エジプトでも用いられた、最古のコバルト系顔料の名です。その明るい紫みの青をさす色名にもなっています。日本語では**花紺青**《はなこんじょう》です。

群青色《ぐんじょういろ》

群青は「青が群れ集まる」の意。もとはラピス・ラズリの色を群青色といいましたが、あまりにも高価であったために、アズライトを原料とする岩群青をこの色に使うようになりました。

英語では**アズライト**(azurite)。

成分は緑青と同じですが、組成が微妙に異なります。飛鳥時代に中国から渡来し、絵の具の基本色のひとつです。岩絵の具は粒子の大きさによって色が変化し、細かくなるほど色みが少なくなります。**白群**《びゃくぐん》は粒子が小さく、群青を白っぽくした色です。

群青色／藍銅鉱

プルッシャン・ブルー Prussian blue

天然の顔料は産地も産出量も限られています。天然の石を砕き、土を焼いて得てきた顔料の歴史は、十八世紀に新しい時代を迎えました。合成顔料の発見です。

世界で最初の合成顔料は、一七〇四年に発見されました。同じ年にフランスのミロリとプロシャのディーズバッハが発見したため、ミロリ・ブルー（Milori blue）、あるいはプルッシャン・ブルーといわれます。パリス・ブルー（Paris blue）、ブロンズ・ブルー（bronze blue）も同じです。青系の代表的絵の具です。

ウルトラマリンを加えた黒には熱帯の夜の暑さがあり、プルシャン・ブルーを加味した方には氷河の冷気がある……（アンリ・マティス／画家のノート〈二見史郎訳〉）

ミロリ・ブルー　パリス・ブルー　ブロンズ・ブルー

コバルト・ブルー cobalt blue

一七七七年に発見されたコバルトアルミン酸塩の顔料の鮮やかな青です。ルノアールは『セーヌの川の舟遊び』で、明るい川の水を、淡い緑色の上に純粋なコバルト・ブルーを重ねて描いています。

同じ顔料で緑色のものはコバルト・グリーン（cobalt green）です。

深い青の空には強いコバルト色の基本的な青よりももっと深い青の雲が飛散っていた、それからもっと明るい蒼白い天の川のようなのも。（ゴッホの手紙〈硲伊之助訳〉）

コバルト・グリーン

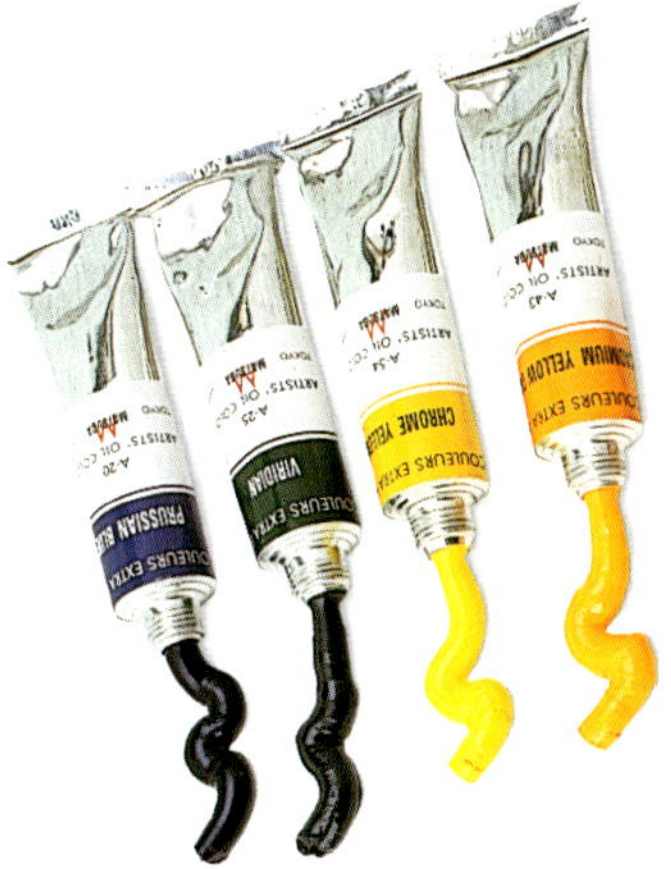

上から　プルッシャン・ブルー
ビリジアン
クローム・イエロー
カドミウム・イエローオレンジ

クローム・イエロー chrome yellow

一八〇九年、金属質のクロームを原料とするクローム顔料が製造されました。オレンジから黄、緑まで広範囲な鮮やかな色が発色し、それぞれクローム・オレンジ（chrome orange）、クローム・イエロー、クローム・グリーン（chrome green）として絵の具に用いられ、色名としても使われています。

また一八二四年には絵の具用の金属チューブが発明され、それまでワンの膀胱などに入れられていた絵の具は自由に持ち運びできるようになりました。印象派の画家たちは、光の効果をあるいは光の印象を表現しようとしてアトリエを出て、自然の中でカンバスに向かいましたが、彼らが登場する前提には、こうした絵の具の進歩もあったわけです。

画室をギダースの『向日葵《ひまわり》』の絵で飾りたいと考えている。……爆発する主のクローム黄の装飾で、細い棒板は橙色《オレンジ》で塗る。（ゴッホの手紙〈硲伊之助訳〉）

クローム・オレンジ　クローム・グリーン

カドミウム・オレンジ cadmium orange

クローム顔料と同じころ、カドミウム顔料も発見されました。同様にオレンジ、黄、緑の鮮やかな色で、それぞれカドミウム・オレンジ、**カドミウム・イエロー** (cadmium yellow)、**カドミウム・グリーン** (cadmium green) といいます。

ビリジアン viridian

透明な水酸化クローム顔料の色。ビリジアンは、緑色の絵の具の中でもっともよく使われます。一八五九年に、フランス人ギネが発見しました。

ジンク・ホワイト zinc white

亜鉛華《あえんか》の白色顔料の色です。チタンの酸化物の白色顔料の色は**チタニウム・ホワイト**(titanium white)。どちらも白色の絵の具の色としてポピュラーなものです。

カドミウム・イエロー　カドミウム・グリーン

チタニウム・ホワイト

シアン cyan

シアンの語源はギリシャ語で「暗い青」を意味する「cyanos」。フタロシニアン系顔料の鮮やかな緑みの青です。減法混色、たとえば染色や印刷、カラーフィルムなどでは、このシアンにマゼンタ、イエローを加えたものが三原色とよばれます。この三原色の混色の割合を変えることによって、ほとんどの色みをつくり出すことができます。印刷では、黒を加えた四色でさまざまな色をつくります。

カドミウム・オレンジ／方硫カドミウム鉱

ジンク・ホワイト／水亜鉛土(亜鉛華)

金色／金の原鉱

金色《きんいろ・こんじき》

金は多くの民族で古くからもっとも貴重な金属とされています。絵画の世界でも天上の世界を表現するのに用いられ、ペルシャの写本の細密画ではムハンマドを包む炎に、シエナ大聖堂の祭壇画では聖母の玉座や聖人の服に、金が使われています。

英語ではゴールド（gold）、中国語では庫金《クーチン》、日本語では金色、黄金色《こがねいろ》。万葉の時代には「くがね」と読みました。

ややオレンジみによった黄が、反射の特徴からあのように輝いて見えるわけです。黄みよりの茶色を金赤《きんあか》、金茶《きんちゃ》ということもあります。

おお　愛よ　おお　愛よ／黄金色の美しい愛よ／あの山々の上の／朝の雲のような愛よ
（ゲーテ／五月の歌〈三浦靭郎訳〉）

ゴールド　庫金
黄金色　金赤

銀色／銀の原鉱

銀色《ぎんいろ》

銀は、金に次ぐものとされてきましたが、中世ヨーロッパでは金より高く評価された時代もありました。

銀の色は英語でシルバー（silver）、日本語では銀色、**白銀色**《しろがねいろ》。雪景色を銀世界と表現することもあります。

シルバー・グレイ（silver grey）、シルバー・ピンク（silver pink）、シルバー・ホワイト（silver white）、**銀鼠**《ぎんねず》などと、輝きを持ったあるいは美しい灰色系や白の形容にしばしば用いられます。

姫よ、あの実を結ぶ樹々の梢の尖々《さきざき》をば白《しろ》銀《がね》色《いろ》に彩つてゐるあの月を誓語《ちかい》に懸け……

（シェイクスピア／ロミオとジュリエット〈坪内逍遥訳〉）

鉄色／隕鉄

鉄色《てついろ・くろがねいろ》

金を「こがね」、銀を「しろがね」というのに対して、鉄は「くろがね」といいました。鉄色は、鉄の焼肌の色とも、鉄分を含む陶器の釉薬《うわぐすり》の色ともいわれています。暗く緑みをおびた青です。ただし、鉄で発色するのではなく、藍染めの一種です。紫みでなく緑みによった紺を**鉄紺**《てつこん》といいます。英語には、鋼鉄のような暗い青みの灰色をさす、**スチール・グレイ** (steel grey) があります。

鉄紺　スチール・グレイ

鉛色《なまりいろ》

鉛の色からとられた灰色、またはやや青みの灰色を表す色名です。鉛の暗く重い印象が重なって、今にも雨の降り出しそうな暗く重苦しい空模様の表現にも使われます。

錆色《さびいろ》

錆色や**赤錆色**《あかさびいろ》は、鉄などが錆びた色という意味ですが、「侘び、寂」の「さび」に通じ、暗くくすんだ色をいいます。**錆鼠**《さびねず》、**錆青磁**《さびせいじ》、**錆納戸**《さびなんど》などの色名もあります。

庭には椿も大半錆色に腐って（徳田秋声／爛）

赤錆色　錆鼠
錆青磁　錆納戸

ブロンズ bronze

銅と錫の合金である青銅の色を表す色名です。青銅は、石器時代の次には鉄器時代に先立って青銅器時代があったことからもわかるように、人類がもっとも古くから使用した合金です。古代から鋳造彫刻の材料として用いられました。

赤銅色《あかがねいろ・しゃくどういろ》

「こがね」「しろがね」「くろがね」に対して銅は「あかがね」とよばれました。銅の色は赤銅色《あかがねいろ》、英語ではカッパー・レッド（copper red）です。

赤銅色《しゃくどういろ》は、もとは日本独特の合金である赤銅《しゃくどう》の色です。赤銅は、銅に金と銀とをわずかに混ぜた合金で、烏金《うきん》ともよばれます。

「あかがねいろ」と「しゃくどういろ」はともに赤褐色を表し、日に焼けた逞しい肌の色の形容に使われます。

志田君は、首から赤銅色になった酔顔を突出して笑った（石川啄木／菊地君）

赤銅色／銅の原鉱

カッパー・レッド

胆礬色《たんばいろ》

銅の鉱山の天井などに生成する硫酸銅を胆礬《たんばん》といいます。胆礬のような真青な色を胆礬色といいます。

暈色《うんしょく》

「暈」は「かさ」の意。太陽や月の周りに色づいた光の輪がかかることがあり、これを日暈《ひがさ》、月暈《つきがさ》といいます。この暈《かさ》のように鉱物の内部や表面に見られる虹のような色を暈色といいます。

胆礬色／胆礬

ガーネット garnet

ガーネットの語源はラテン語で「ザクロ」を意味する「pomum granatum」。色がザクロの実に似ていることに由来します。日本語でも石榴石《ざくろいし》です。ガーネットはパイロープ、アルマンダインなど化学的な組成が似た十四種類の鉱物の総称です。赤、黄、緑、黒などさまざまな色の石がありますが、色名として使われるのは紫みの赤い石の色です。

トパーズ topaz

トパーズは透明なものから淡い青、淡い褐色のものなどがありますが、かすかにピンクみをおびたものがインペリアル・トパーズといって最高級のものとされています。黄褐色のトパーズの色が色名として使われています。

ガーネット（石榴石）各種

トパーズ

ルビー

サファイア・ブルー／サファイア

アメジスト（紫水晶）

ルビー ruby

ルビーはコランダムとよばれる酸化アルミニウムの鉱物の変種のうち、赤いものをさします。青いものはサファイアです。中世にはロマンスの象徴とされ、女性は愛する騎士にルビーを贈りました。

その強い紫みの赤い石の色をルビーといい、血や唇のたとえにも使われます。ルビーが色名として使われるようになったのは古く、十六世紀ころといわれます。

サファイア・ブルー sapphire blue

ペルシャの神話では、世界の基盤はサファイアでできていて、空はその色を映して青いのだといわれています。青い花、青い鳥と同じく宝石も青色のものは少ないので、サファイアは古くから珍重されています。

その鮮やかな青を表す色名がサファイア・ブルー。空の色や目の色の形容に使われます。

アメジスト amethyst

アメジストの語源はギリシャ語で「酒に酔いつぶれない」という意味の「amethust」。中世には酒酔いを防ぐ効果があると信じられ、アメジストでつくった酒の器もありました。十六世紀のフランスの詩では、酒の神バッカスが、白い石に変えられた美しい乙女アメジストに赤ワインを注いで生まれた石と詠まれています。

日本語では紫水晶。石英の純粋な結晶が水晶、その紫色のものが紫水晶です。

アメジストがその濃い赤みの紫を表す色名として使われるようになったのは古く、十六世紀ころといわれています。

アガット agate

石英のたいへん細かい結晶の塊に、紅色や縞模様のように色のついたものをアガット、日本語では瑪瑙《めのう》といいます。

瑪瑙のような濃い赤みのオレンジをアガット、中国語では**瑪瑙色**《マーナオスー》といいます。瑪瑙は日本でも七宝のひとつとして珍重されました。これを砕いて日本画の絵の具とした色は**瑪瑙末**《めのうまつ》とよばれます。

あの瑪瑙色の頭髪に比べると、瑪瑙は醜いとまでいはれた。

（シェイクスピア／恋の骨折損〈坪内逍遥訳〉）

瑪瑙色　瑪瑙末

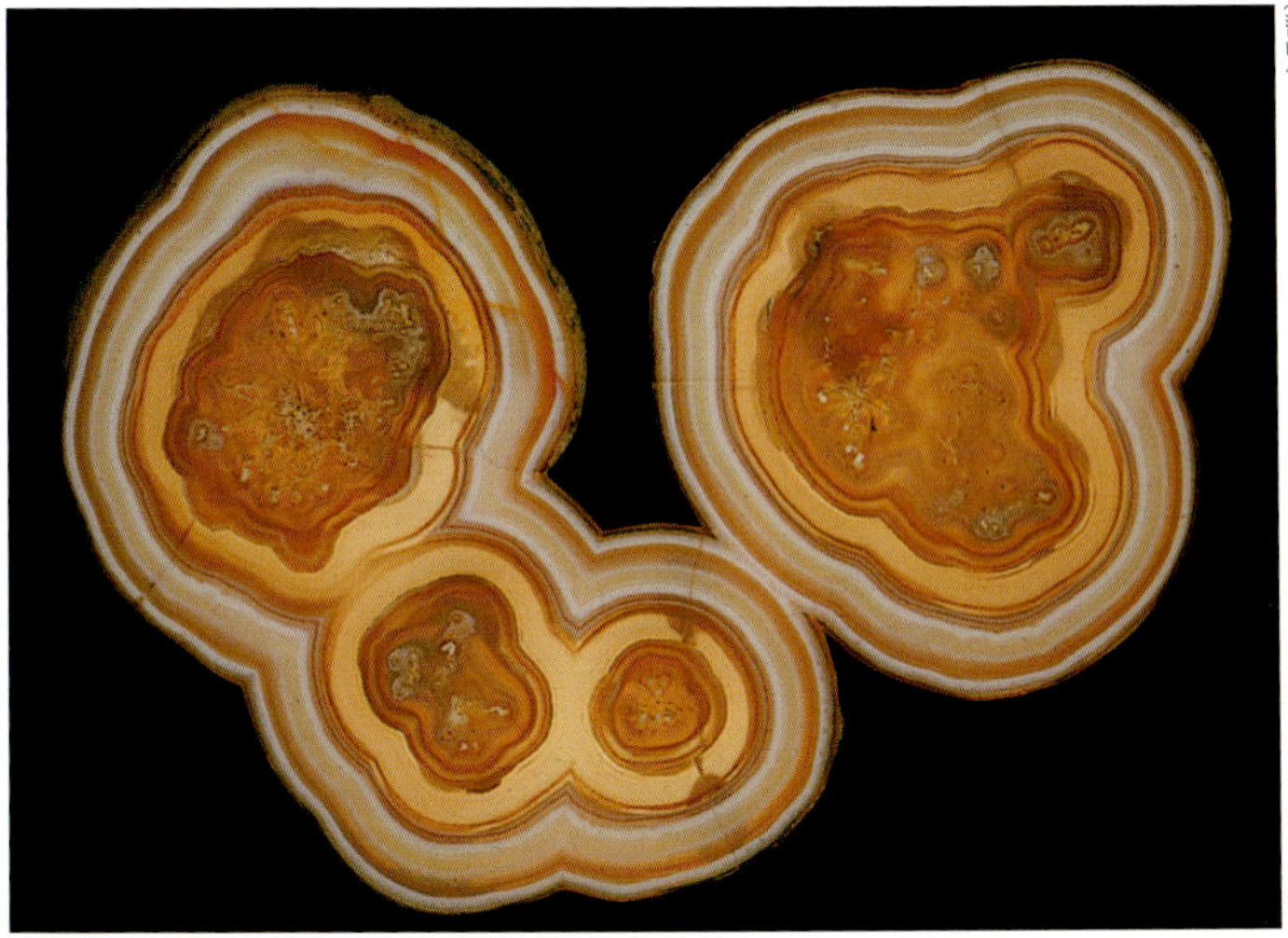

アガット（瑪瑙）

ジャスパー・グリーン／ジャスパー（碧石）

ジャスパー・グリーン jasper green

不純で不透明な石英をジャスパー、日本語では碧石《へきぎょく》といい、赤や黄、緑色のものなどがあります。

その緑の石の色を表す色名がジャスパー・グリーンです。中国語では**碧玉石**《ピーユーシー》。碧石は、日本でも古くから勾玉《まがたま》などに用いられました。

「碧《へき》」は「みどり」とも読み、植物の色以外の青緑色の形容に多く用いられます。碧眼《へきがん》、碧雲《へきうん》などのように使い、**碧色**《へきしょく》という言葉もあります。**紺碧**《こんぺき》は濃い黒みの青色です。

碧玉石　碧　碧色　紺碧

ジェード・グリーン jade green

翡翠《ひすい》の明るい青みの緑色をジェード・グリーンといいます。翡翠を宝飾品として最初に使ったのは、日本ではないかともいわれています。縄文時代、日本海沿岸に越中、越前、越後のもとになった「越《こし》」という古代国家があり、瑪瑙、オパール、翡翠などの玉《ぎょく》の採集を行っていました。古代社会で権力の象徴であった玉の製品は、日本の各地の古墳から出土しています。

ジェード・グリーン／翡翠

エメラルド・グリーン emerald green

緑柱石（ベリル）の緑色の石のような鮮やかな緑色がエメラルド・グリーンです。絵の具の色名としても用いられ、印象派以降の多くの画家たちに愛用されています。ゴッホは『糸杉のある麦畑』で、糸杉をビリジアンとエメラルド・グリーンとウルトラマリンで描きました。

……この土地の空気は澄んでいて、明快な色の印象は日本を想わすものがある。水は綺麗なエメラルド色の斑紋を描き、われわれが縮緬紙の版画でみるような豊かな青を風景に添える。（ゴッホの手紙〈硲伊之助訳〉）

エメラルド・グリーン／エメラルド

オパール・グリーン／オパール

オパール・グリーン opal green

オパールは珪酸ゲルが硬化したもので、ふつう五～十パーセントの水分を含みます。オパールの玉虫色の輝きは、光がこの水を通って虹のように分かれるために起こります。

オパール・グリーンは薄い黄緑色の乳白色のオパールの色をさします。(188・189)

アクアマリン aquamarine

エメラルドと同じ緑柱石（ベリル）のうちで水色のものを、アクアマリン（海の水）の名でよびます。

色名のアクアマリンは海の水の色ではなく、藍玉《らんぎょく》ともよばれるこの宝石の青緑色をさします。

アクアマリン

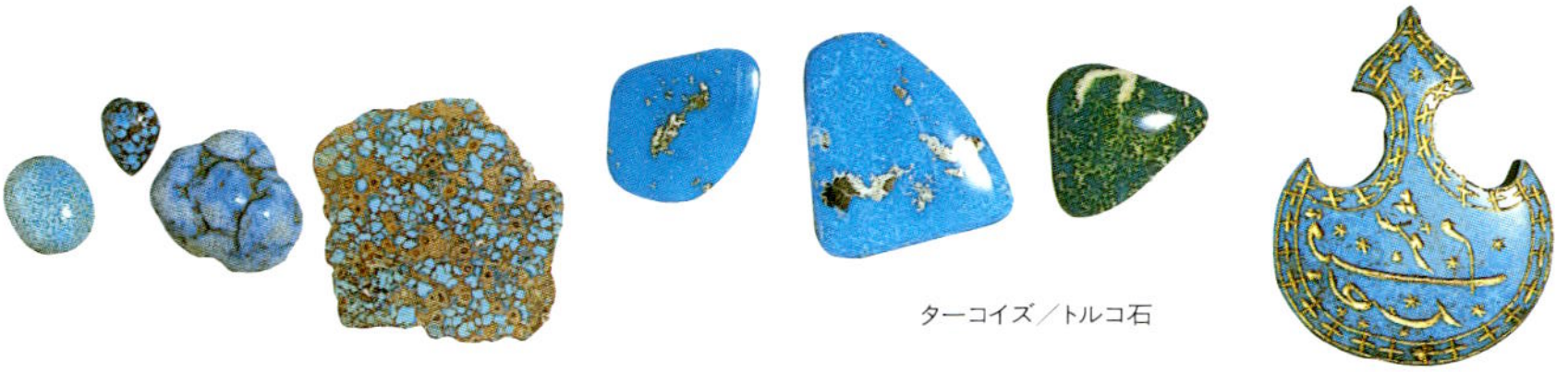
ターコイズ／トルコ石

ターコイズ turquoise

トルコ石の色からとられた青緑色をさします。ペルシャで採られた石がトルコを経由して地中海地方にもたらされたことから、ターコイズの名がつけられました。

青と緑との中間の色をさす代表的な色名ですが、ピーコックと同様にグリーン、ブルーの両方を形容し、**ターコイズ・グリーン**（turquoise green）、**ターコイズ・ブルー**（turquoise blue）といいます。四原色という場合は、レッド、イエロー、シー・グリーン、そしてターコイズです。

ターコイズはペルシャ（イラン）の国の色です。古代ペルシャ人は、トルコ石の鮮やかな色には悪魔を退ける力があると信じ、その石で装飾品をつくり、また煉瓦やタイルにもこの色の釉薬《ゆうやく》を使いました。

ターコイズ・グリーン
ターコイズ・ブルー

琥珀色《こはくいろ》

琥珀は、地質時代の木の樹脂の化石です。まれに、樹脂がまだ粘性のあるときに取り込まれた昆虫やカエルやトカゲが入っていることもあります。

仏教の七宝は、金、銀、瑠璃、珊瑚、琥珀、しゃこ、瑪瑙です。そのひとつである琥珀は日本でも古くから「くはく」「赤玉」とよばれて珍重されました。

琥珀の色からとられた色名が琥珀色です。

英語のアンバー（amber）も、交通信号の黄など茶みの黄を表す色名として広く使われます。


苦しみで打ちのめされた人のように泣きながら、漁夫はそのそばに身を投げ、その冷たい赤い唇に接吻し、その濡れた琥珀の髪をいじくった。

（オスカー・ワイルド／漁夫とその魂〈林原耕三・八木毅訳〉）

琥珀色／琥珀

アンバー

コラム8

色の世界と色名の世界

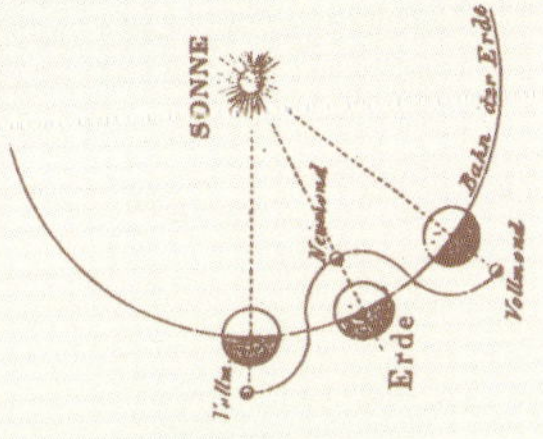

色の三属性と色立体

　人間が見分けることのできる色の数はおよそ一〇〇〇万といわれます。これは色の弁別実験から推計した値です。もっとも、色はひとつ二つと数えられる性質のものではなく連続していますから、これは『違いがわかるかどうか』という基準で調べた結果です。

　一〇〇〇万とは大変な数ですが、その弁別の手がかりになっているのはわずか三つの性質の違いにすぎません。色み・明るさ・鮮やかさ、一般に色相・明度・彩度とよびならわされている性質で、これらを色の三属性といいます。そしてすべての色は、この三つの組み合わせで形成される空間に含まれます。つまり、色の世界も私たちが住んでいる空間と同じ、三次元の空間なのです。この様子を、具体的な色見本を三次元に並べて示した色空間の模型をごらんになったことがあるでしょう。一般に色立体とよばれています。

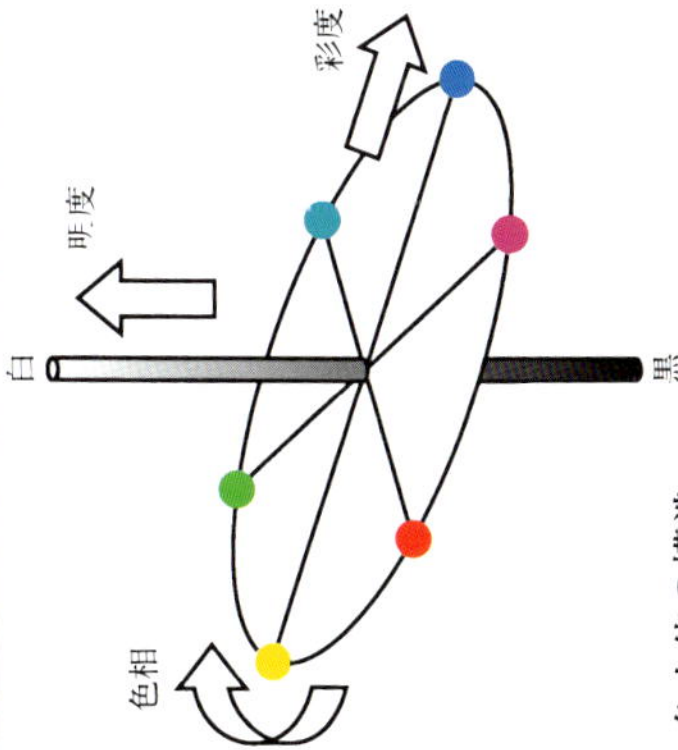

色立体の構造

標準色票

　色を専門的に扱う人たちが利用する「色票集」「標準色票」などとよばれる色見本集があります。これらは一定の基準にしたがって、多数の色見本（色紙）が系統的に配列されたものです。日本でも、「JIS標準色票」が、色を測ったり表示したりするための国の標準として用いられています。こうした色見本集をつくるときの最大のポイントは、隣り合う色見本どうしの間の色の差が見た目に等しくなるように、ということです。見た目に色がなめらかに連続して見えるようにつくるわけです。このようにして製作された色見本集には、ふつう一五

色相環

〇〇〜二〇〇〇色程度の色見本が収められています。〝隣り合う色どうしの差を等しく〟という基準を多少無視して、ともかくたくさんの色を系統的に用意しようとしても、せいぜい一万色が限度でしょう。

さて、こうした事実からみて、人間が人工的につくりだすことのできる色の数は、まず一万以内とみてよいと思います。つまり、眼で識別可能な一〇〇〇万色に対して、物の色として人びとが操作している色は、その一〇〇〇分の一というわけです。

色名の数

私たちはこの一〇〇〇万あるいは一万の色を、日常生活の中では色名でよび、色の違いを色名の使い分けで表現しているわけですが、それでは人間が使っている色名の数はどのくらいあるのでしょうか。アメリカで編まれた色名集には、約七五〇〇の色名が集められていますし、日本にも外来色名を含めて二〇〇〇強の色名を集めた辞典があります。この数は一〇〇〇万には遠く及びませんが、先に述べた色見本集の色数にはほぼ匹敵します。また、日本工業規格（JIS　Z8102）には、一七八の慣用色名が収録されています。これは比較的ポピュラーな、ある意味で基本的な慣用色名とでも位置づけられるものといえましょう。

色名使用の実態

では、私たちはこれらの色名を自在に使い分け、色を的確に表現しているといえるでしょうか。たとえば、オールド・ピンク、ローズ・ピンク、ピンク、桃色、紅梅色、蘇芳、鴇色など、さまざまなピンク系の色名を聞いて、ただちにその微妙な色の違いを感じとり、正確に使い分けることができるでしょうか。

アメリカの学者が以前、新聞・雑誌・小説などに出てくる色名の統計をとったところ、合計四四一六回登場した色名のうち、実に九二パーセントがわずか十二語（多い順に、白・黒・青・赤・灰色・緑・ブラウン・金色・黄・ピンク・銀・紫）で占められていたといいます。ちょっと寂しいような気もしますが、これが現代人の色名使用の実態なのです。

とはいえ、これは色名の性質上しかたのないことともいえます。たとえば、色名はその色を点としてではなく、一定の広がりをもって表します。また、同じ色、あるいはごく近い色に、いくつもの色名がつけられている場合（利休鼠・深川鼠・松葉鼠・青柳鼠など）もありますし、ノー・ネーム・ランドとよばれる、伝統的な色名が全くない色域もあります。

つまり、こうしたことからもわかるように、色名は、色を正確に表すという観点から見ると、実はかなり不十分な表現伝達手段といってよいでしょう。

色名の魅力

けれども、色名の誕生には人間の文化や文明の歴史、そして生活してきた自然環境の特徴などが色濃く反映されています。そしてさらにその背景には、人間のものの見方、感じ方や考え方が横たわっているのです。したがって、たとえそれが不十分な表現伝達手段であったとしても、色名にはやはり代えがたい魅力があります。私たちはこの本で見てきたような多彩な色名を手がかりにして、身のまわりの自然を、人類の歴史を、そして人間そのものを、楽しみながら知ることができるのです。

（近江）

本書で、主に見出しにとりあげた色名について、具体的な色見本を示しておきます。

この色見本の配列は、基本的には系統色名法の考え方に沿っています。この考え方では、まず誰でも知っている赤・黄・緑……などのわかりやすい色相名で色を表現します。さらに、これに淡い・明るい・暗い……など明度・彩度の特徴を示す修飾語をつけて、より細かく色の違いを説明します（この明度・彩度の区分を、一般にトーンとよびます）。"暗い赤"、"明るい青"といった具合です。このように、一般になじみのある言葉の組み合わせで、すべての色を説明しようというわけです。

また、系統色名法では、個々の色相名やトーンの名称が、色立体のどの範囲を示すかを明らかにします。つまり色立体を、この範囲は"赤"、この範囲は"暗い"……とブロックに区切ってゆくわけです。系統色名法にも、アメリカのISCC―NBSや日本のJISなどいくつかの方式があり、命名法や区分のしかたは少しずつ違いますが、色立体をだいたい一〇〇ないし三〇〇のブロックに分類しています。

ちなみにJISの方式では、蘇芳色はくすんだ赤、水色は薄い緑みの青、空色は薄い青、鴇色とローズ・ピンクはともに薄い紫みの赤、となります。本書の色名解説でも、随所でこのような方法で色を説明しました。

もっとも、より細かく表そうとすれば、マンセル表色系などで、色を点として表示することもできます。蘇芳は4R4／7、鴇色は7RP7.5／8、ローズ・ピンクは10RP7／8といった具合です。しかし、これらはあくまでも参考値・代表値であって、現実の発色技術から考えても、正確な◯◯色や本当の××色にあまりこだわらない方がよいでしょう。

さて、この色彩索引では、便宜的に色相を十五に、またトーンについては、たとえば十一に分類した下図などの分類を参考にしながら、十トーンに分類して色見本をあげておきました。つまり有彩色の世界を一五〇に分けて代表色で示したことになります。これに、無彩色とそれに近いオフホワイト、オフグレイ、オフブラックを次頁に加えました。

この色見本から、個々の色名が語っているおおよその色と、色名どうしの関係とを理解してください。あえて「おおよそ」という意味は、次の三点によります。伝統的な色名は相当広範囲の色をさす場合があること、文献によって解釈が異なる色があること、そして残念ながら、印刷による色再現の精度には限界があることです。

（近江）

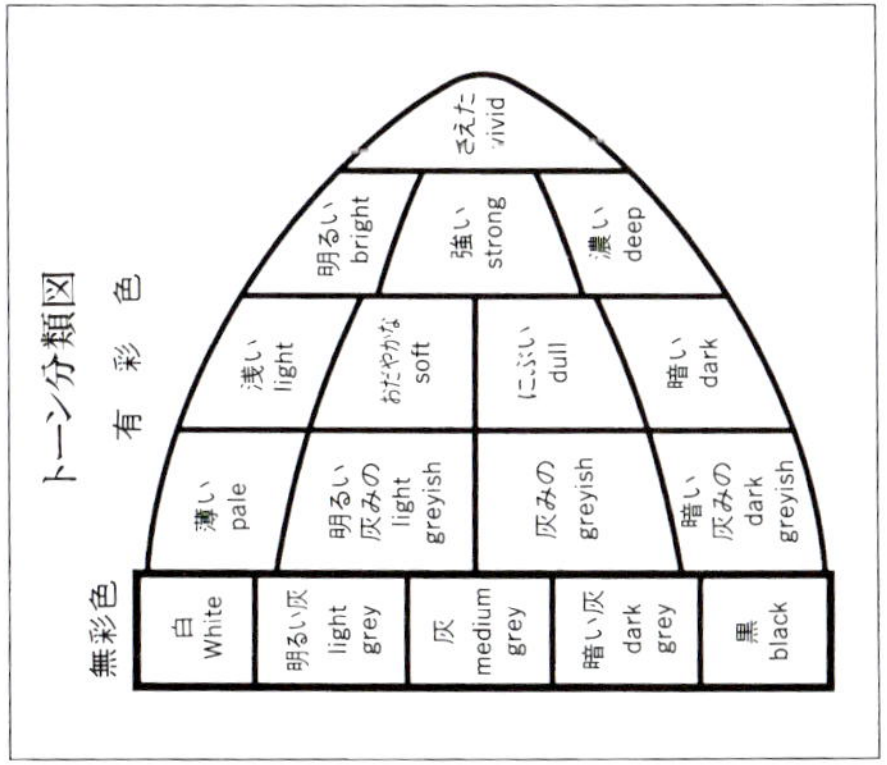

＊P196〜201の有彩色の色見本は、各見開きのタテ軸に色相を、ヨコ軸にトーンを並べて配置しました。

＊それぞれの色名に付記した数字は、その色名が登場するページです。

＊一つの色見本に入る色名が多数になる場合には、符号をつけ、その一部をページ下に表示しました。

＊各色見本の下には、その色見本をオフセット印刷で印刷した際のプロセスインク4色の網点パーセントを表記しました。左からシアン（C）、マゼンタ（M）、イエロー（Y）、ブラック（B）の順です。ただし、印刷の仕上がりは諸条件によって微妙な差が生じますので、これらの数値はあくまでも参考値としてご覧ください。

	無彩色	赤み	黄み	緑み	青み
白	白 スノー・ホワイト……32 パール・ホワイト……64 うのはな色……73 えんぱく……174 ＊A C5 M5 Y5 B0	C5 M7 Y5 B0	ミルク・ホワイト……55 きなり色……107 C3 M5 Y15 B0	C15 M0 Y10 B0	C10 M5 Y7 B0
明るい灰	シルバー・グレイ……181 ぎんねず……181 C20 M15 Y17 B0	C15 M17 Y18 B0	オイスター……63 C20 M20 Y30 B0	C30 M10 Y25 B0	スカイ・グレイ……23 C30 M22 Y20 B0
灰	はい色……36 ねずみ色……59 C50 M35 Y38 B10	ローズ・グレイ……81 ふし色……157 C45 M43 Y45 B10	なまかべ色……173 C53 M42 Y45 B10	りきゅうねず……59 ストーン・グレイ……172 C60 M35 Y50 B10	にび色……157 なまり色……182 C60 M45 Y50 B10
暗い灰	けしずみ色……36 チャコール・グレイ……36 つるばみ色……156 スレート・グレイ……173 C77 M72 Y65 B40	トープ……58 C63 M80 Y80 B40	C62 M60 Y90 B40	C70 M70 Y83 B40	C80 M70 Y80 B40
黒	黒 すみ色……36 ぬれがらす……51 しっこく……113 C70 M60 Y60 B100	くろちゃ……147 C40 M80 Y100 B90	C50 M70 Y90 B90	C90 M30 Y90 B90	スチール・グレイ……182 C90 M80 Y70 B100

＊A パール・グレイ…64 チョーク…174 ジンク・ホワイト…179

	強い	さえた	明るい	浅い	薄い
赤	しょうじょうひ……59 こうばい色……71 ばら色……81 ペッパー・レッド……132 ルビー……185 ＊C C5 M95 Y50 B0	**赤** シグナル・レッド……35 チェリー……124 くれない……140 クリムスン……158 ＊B C5 M100 Y70 B0	カメリア……70 ローズ……81 ゼラニウム……85 C0 M90 Y50 B0	とき色……42 もも色……70 はねず色……71 ロータス・ピンク……83 ピンク……92 C0 M30 Y15 B0	ベビー・ピンク……92 いっこんぞめ……142 C0 M25 Y20 B0
赤みの橙	サンセット……26 もみじ色……102 に色……169 えんたん色……169 C10 M90 Y100 B0	ファイア・レッド……35 ひ色……35 スカーレット……158 しゅ……169 バーミリオン……169 ＊E C0 M85 Y100 B0	フラミンゴ……43 コーラル・ピンク……64 さんご色……64 タイガー・リリー……84 キャロット・オレンジ……130 C0 M80 Y80 B0	あけぼの色……21 はだ色……60 サーモン・ピンク……62 ピーチ……123 アプリコット……123 ＊D C0 M40 Y40 B0	シェル・ピンク……63 C0 M20 Y20 B0
橙	こうじ色……119 みかん色……119 かき色……122 おうに……169 C0 M50 Y100 B0	オレンジ……118 だいだい色……118 カドミウム・オレンジ……179 きんあか……180 C0 M60 Y100 B0	サンライズ・イエロー……22 C0 M40 Y70 B0	メイズ……133 C0 M30 Y60 B0	C0 M15 Y20 B0
黄みの橙	パンプキン……130 うこん色……149 ゆうおう……174 C0 M40 Y100 B0	やまぶき色……73 かんぞう色……84 サンフラワー……84 ひまわり色……84 マリーゴールド……89 C0 M25 Y100 B0	サフラン・イエロー……149 C0 M20 Y60 B0	たまご色……50 くちなし色……147 ネイプルス・イエロー……174 C0 M15 Y50 B0	とりのこ色……50 アイボリー……58 ねり色……61 ストロー……110 とのこ色……172 ＊F C0 M12 Y25 B0
黄	なのはな色……75 きはだ色……148 C10 M10 Y90 B0	**黄** ダンディライアン……75 たんぽぽ色……75 クローム・イエロー……178 C0 M10 Y100 B0	カナリー……48 かりやす色……148 C0 M5 Y100 B0	プリムローズ・イエロー……77 C0 M3 Y70 B0	クリーム……55 C0 M2 Y25 B0

＊B からくれない…140　べに色…140　カーマイン…158　コチニール…159
＊C ポピー・レッド…78　カーネーション…78　ポムグラニット…124
＊D あんず色…123　＊E べにあか…140　＊F ぞうげ色…58　レグホーン…110

濃い	にぶい	暗い	灰みの	明るい灰みの
あかね色……143 マダー……143 C5 M100 Y80 B0	あずき色……133 いまよう色……142 すおう色……144 C25 M95 Y75 B0	マホガニー……109 プラム……122 えび(葡萄)色……126 バーガンディー……126 ガーネット……184 C50 M100 Y75 B10	C60 M80 Y65 B10	オールド・ローズ……81 たいこう……142 C30 M50 Y40 B5
オックスブラッド……55 かば(樺)色……108 かば(蒲)色……108 アガット……186 C25 M90 Y100 B0	ちゃ色……147 ブラウン……147 はに……168 べんがら色……168 ＊G バーント・シェーナ……168 C30 M80 Y90 B0	ピュース……60 えびちゃ……63 マルーン……128 ココア……135 さび色……182 C60 M90 Y85 B10	C55 M60 Y65 B10	C20 M40 Y40 B5
タン……109 タバコ・ブラウン……110 あめ色……134 れんが色……173 ＊H こはく色……191 C40 M80 Y100 B0	らくだ色……52 シナモン……110 ヘイズル……128 くるみ色……146 ＊I かわらけ色……173 C30 M80 Y100 B0	すずめ色……45 とび色……50 ひわだ色……108 コーヒー・ブラウン……135 ＊J しゃくどう色……183 C60 M95 Y90 B10	ちゃねず……59 くちば色……102 はじ色……146 くり(涅)色……157 バーント・アンバー……168 C55 M50 Y55 B10	きつね色……52 コルク……110 こむぎ色……134 ちょうじ色……145 ＊K トパーズ……184 C15 M37 Y53 B5
やまもも色……145 おうど色……172 イエロー・オーカー……172 C30 M50 Y100 B0	べっこう色……64 くわぞめ……146 きんちゃ……180 C25 M65 Y90 B0	セピア……62 ココナッツ・ブラウン……135 うつぶし色……156 C60 M75 Y100 B15	あま色……107 つち色……172 C60 M50 Y70 B0	ベージュ……53 ビスケット……134 C23 M25 Y55 B5
カーキ……172 C30 M30 Y100 B0	かれ色……103 バンブー……109 からし色……132 C40 M40 Y100 B0	ブロンズ……182 C75 M65 Y100 B20	うぐいすちゃ……45 オリーブ・ドラブ……131 サンド……170 すな色……170 C60 M50 Y80 B0	C20 M20 Y45 B5

＊G たいしゃ色…168　＊H シャモア…54
＊I フォーン…54　スウェード…54　バフ…54　にっけい色…110　ウォルナット…129
＊J とびちゃ…50　くり(栗)色…128　チョコレート…135　ヘンナ…144　こげちゃ…147　かっ色…147　あかさび色…182　＊K ブロンド…107

	緑みの黄	黄緑	緑	青緑	緑みの青
薄い	リリー・ホワイト……83 C2 M2 Y24 B0	オパール・グリーン……190 C7 M0 Y20 B0	びゃくろく……175 C26 M0 Y33 B0	ロビンズ・エッグ・ブルー……49 C27 M0 Y24 B0	かめのぞき……151 C33 M0 Y9 B0
浅い	おみなえし色……90 レタス・グリーン……106 C17 M0 Y75 B0	アップル・グリーン……123 C31 M0 Y66 B0	オーシャン・グリーン……30 C50 M0 Y47 B0	アイス・グリーン……32 C63 M0 Y42 B0	みず色……29 アクア……29 C50 M3 Y3 B0
明るい	レモン・イエロー……121 れもん色……121 ピスタシオ……129 C18 M0 Y100 B0	わかば色……98 ライム・グリーン……121 ライム・グリーン……121 C57 M0 Y95 B0	ミント・グリーン……106 コバルト・グリーン……178 C85 M0 Y73 B0	ターコイズ……190 C100 M0 Y43 B0	ジェイ・ブルー……44 あさぎ色……151 しんばし色……151 ターコイズ・ブルー……190 C90 M0 Y11 B0
さえた	わかくさ色……98 フレッシュ・グリーン……99 C25 M0 Y100 B0	C70 M0 Y100 B0	緑 エメラルド・グリーン……187 C75 M0 Y80 B0	ピーコック・グリーン……49 C100 M11 Y56 B0	ピーコック……49 ピーコック・ブルー……49 シアン……179 C100 M10 Y21 B0
強い	ひわ色……45 もえぎ色……98 C30 M12 Y100 B0	パロット・グリーン……48 C61 M18 Y100 B0	みどり(翠)色……44 C80 M10 Y80 B0	アクアマリン……190 C76 M15 Y45 B0	かめのぞき色……43 ダック・ブルー……43 C100 M17 Y23 B0

濃い	にぶい	暗い	灰みの	明るい灰みの
くさ色……99 C62 M40 Y100 B0	C40 M35 Y90 B0	オリーブ……131 C63 M47 Y90 B15	C46 M36 Y55 B0	メロン・イエロー……119 C21 M18 Y50 B5
エバー・グリーン……104 ときわみどり……104 C72 M38 Y100 B0	うぐいす色……45 リーフ・グリーン……99 やなぎ色……105 こけ色……112 まっちゃ色……147 C68 M45 Y95 B0	オリーブ・グリーン……131 C73 M52 Y100 B10	セージ・グリーン……106 C51 M38 Y57 B0	ミスト・グリーン……28 うらは色……105 C49 M23 Y55 B5
ホリー・グリーン……104 ふかみどり……104 マラカイト・グリーン……175 ビリジアン……179 C84 M30 Y80 B0	ビー・グリーン……133 ろくしょう……175 ジャスパー・グリーン……186 ジェード・グリーン……187 C80 M45 Y80 B0	まつば色……104 アイビー・グリーン……105 ボトル・グリーン……126 C95 M53 Y85 B10	やまばと色……51 みる色……113 きくじん……113 C72 M45 Y62 B10	サーフ・グリーン……31 わさび色……132 C65 M35 Y67 B0
C100 M30 Y55 B0	あおたけ色……109 とくさ色……112 さびあさぎ……151 C83 M35 Y51 B0	てつ色……182 C100 M58 Y72 B10	やまあいずり……152 C72 M49 Y45 B0	ナイル・ブルー……29 せいじ色……173 C67 M27 Y45 B5
マリン・ブルー……30 C96 M37 Y47 B0	C100 M52 Y38 B0	ストーム・ブルー……27 てつこん……182 C96 M68 Y61 B10	なんど色……152 サックス・ブルー……153 C78 M54 Y47 B10	C65 M27 Y26 B5

	青	紫みの青	青紫	紫	赤紫
薄い	ムーンライト・ブルー……26 ベビー・ブルー……92 C25 M0 Y5 B0	C35 M5 Y0 B0	C15 M10 Y5 B0	C10 M10 Y0 B0	さくら色……70 C3 M15 Y5 B0
浅い	そら色……23 スカイ・ブルー……23 フォゲットミーナット・ブルー……77 わすれなぐさ色……77 C40 M10 Y0 B0	C50 M25 Y0 B0	ふじ色……72 ラベンダー……79 C30 M20 Y0 B0	ライラック……79 C15 M27 Y0 B0	オーロラ……21 なでしこ色……91 シクラメン・ピンク……92 オーキッド……92 C3 M25 Y2 B0
明るい	セルリアン・ブルー……23 つゆくさ色……154 なんど色……183 C80 M20 Y0 B0	サルビア・ブルー……79 ヒアシンス・ブルー……93 スマルト……177 C60 M30 Y0 B0	しおん色……90 りんどう色……90 C50 M40 Y0 B0	おうち……73 ヘリオトロープ……88 C40 M50 Y0 B0	つつじ色……74 ローズ・ピンク……81 コスモス……89 C15 M55 Y0 B0
さえた	青 コバルト・ブルー……178 サファイア・ブルー……185 C100 M40 Y0 B0	ぐんじょう色……177 C100 M70 Y0 B0	すみれ色……76 バイオレット……76 ベルフラワー……88 ききょう色……91 C80 M80 Y0 B0	あやめ色……82 しょうぶ色……82 アイリス……82 むらさき……154 パープル……160 C35 M90 Y0 B0	フクシャ……88 マゼンタ……88 C15 M95 Y0 B0
強い	C85 M30 Y0 B0	ラピス・ラズリ……177 るり色……177 C80 M60 Y0 B0	ふじなんど……72 C60 M60 Y0 B0	モーブ……85 C30 M80 Y0 B0	ぼたん色……74 ピアニー・パープル……74 かきつばた色……82 ストロベリー……125 C15 M90 Y10 B0

濃い	にぶい	暗い	灰みの	明るい灰みの
あい色……150 プルッシャン・ブルー……178 C100 M55 Y10 B0	はなだ色……151 C80 M45 Y20 B0	ミッドナイト・ブルー……27 スカラブ・ブルー……60 こん色……152 かち色……152 ネイビー・ブルー……153 ＊L C90 M65 Y40 B10	スモーク・ブルー……35 あいねず……59 C80 M60 Y45 B0	C50 M22 Y30 B5
こんじょう……152 C100 M75 Y10 B0	C80 M67 Y30 B0	インディゴ……153 C100 M80 Y30 B0	C70 M50 Y40 B20	C42 M20 Y23 B5
パンジー……77 C90 M90 Y20 B0	こんあい……152 にせむらさき……155 えどむらさき……155 C80 M85 Y10 B0	グレイプ……126 なすこん……130 しこん……152 C80 M85 Y20 B10	はとば色……51 ふたあい……153 C58 M48 Y35 B10	C43 M38 Y25 B5
アメジスト……185 C55 M85 Y20 B0	ヒーザー……93 こだいむらさき……155 C50 M60 Y30 B0	くわのみ色……125 C70 M80 Y30 B10	C75 M75 Y40 B15	C18 M25 Y15 B5
ラズベリー……125 ワイン・レッド……126 ボルドー……126 えんじ色……158 C30 M100 Y50 B0	C20 M95 Y0 B15	こきいろ……155 C60 M80 Y50 B10	C45 M65 Y50 B5	C22 M43 Y27 B5

＊L　こきあい…151

麦藁色・むぎわらいろ ……（ストロー）110
虫襖・むしあお ……（玉虫色）61
蒸栗色・むしぐりいろ ……（栗色）128
紫・むらさき ……154
紫の村濃・むらさきのむらご ……〈重色目〉161
【め】玫瑰紫・メイクイツー ……（薔薇色）81
玫瑰紅・メイクイホン ……（薔薇色）81
メイズ ……133
メドウ・グリーン ……（草色）99
瑪瑙末・めのうまつ ……（アガット）186
メロン・イエロー ……119
【も】萌木色・もえぎいろ ……98
萌黄色・もえぎいろ ……（萌木色）98
萌葱色・もえぎいろ ……（萌木色）98
モーブ ……85
木蘭色・もくらんじき ……（丁字色）145
モス・グリーン ……（苔色）112
素色・もといろ ……（生成色）107
紅葉・もみじ ……〈重色目〉164
紅葉色・もみじいろ ……102
桃色・ももいろ ……70
【や】牙黄・ヤーホワン ……（アイボリー）58
芽緑・ヤーリュー ……（フレッシュ・グリーン）99
柳色・やなぎいろ ……105
山藍摺・やまあいずり ……152
山鳩色・やまばといろ ……51
山吹色・やまぶきいろ ……73
楊梅色・やまももいろ ……145
【ゆ】油烟墨・ユーイェンモー ……（墨色）36
夕色・ゆういろ ……（サンセット）26
雄黄・ゆうおう ……174
月白色・ユエパイスー ……（ムーンライト・ブルー）26
ゆかりの色 ……（濃色）155
雪の下・ゆきのした ……〈重色目〉165
聴し色・ゆるしいろ ……（一斤染）142
远天藍・ユワンティエンラン ……（ミスト・グリーン）28
【ら】ライム・グリーン ……121
ライム・グリーン ……121
ライラック ……79
落霞紅・ラオシアホン ……（サンセット）26
駱駝色・らくだいろ ……52
ラズベリー ……125
ラピス・ラズリ ……177
ラベンダー ……79
ランプ・ブラック ……（墨色）36
【り】リーフ・グリーン ……（草色）99
リーフ・ベージュ ……（朽葉色）102
利休茶・りきゅうちゃ ……（茶色）147
利休鼠・りきゅうねず ……（鼠色）59
リップル・グリーン ……（サーフ・グリーン）31
リバー・ブルー ……（アクア）29
リリー・ホワイト ……83
竜胆色・りんどういろ ……90
【る】乳白色・ルーパイスー ……（ミルク・ホワイト）55
駱駝色・ルオトゥオスー ……（駱駝色）52
ルビー ……185
瑠璃色・るりいろ ……（ラピスラズリ）177
【れ】レイズン ……（グレイプ）126
レイブン ……（濡烏）51
レグホーン ……（ストロー）110
レタス・グリーン ……106
レモン・イエロー ……121
檸檬色・れもんいろ ……（レモン・イエロー）121
煉瓦色・れんがいろ ……173
【ろ】ロウ・アンバー ……（弁柄色）168
ロウ・シェーナ ……（弁柄色）168
ローズ ……81
ローズ・グレイ ……（オールド・ローズ）81
ローズ・ピンク ……（オールド・ローズ）81
ローズ・ブラウン ……（オールド・ローズ）81
ローズ・ベージュ ……（オールド・ローズ）81
ローズ・ポンパドール ……（オールド・ローズ）81
ローズ・マダー ……（マダー）143
ローズ・レッド ……（ローズ）81
ロータス・ピンク ……83
ローヤル・パープル ……（パープル）160
緑青・ろくしょう ……175
ロビンズ・エッグ・ブルー ……49
竜胆紫・ロンタンツー ……（竜胆色）90
【わ】ワイン・レッド ……126
若草・わかくさ ……〈重色目〉162
若草色・わかくさいろ ……98
若竹色・わかたけいろ ……（青竹色）109
若菜色・わかないろ ……（若草色）98
若苗・わかなえ ……〈重色目〉163
若苗色・わかなえいろ ……（若草色）98
若葉色・わかばいろ ……（若草色）98
若緑・わかみどり ……（若草色）98
山葵色・わさびいろ ……132
勿忘草色・わすれなぐさいろ （フォゲットミーナット・ブルー）77

ブルゴーニュ　………………（ワイン・レッド）126
プルッシャン・ブルー　……………………178
フレイム……………………（ファイア・レッド）35
フレッシュ……………………………（肌色）60
フレッシュ・グリーン　………………………99
フレッシュ・ピンク　…………………（ピンク）92
フレンチ・ローズ　…………（オールド・ローズ）81
フロスティ・グレイ……………（スノー・ホワイト）32
フロスティ・ホワイト　…………（スノー・ホワイト）32
ブロンズ　……………………………………182
ブロンズ・ブルー　…（プルッシャン・ブルー）178
ブロンド……………………………（亜麻色）107
【へ】ヘイズ・ブルー　……………（ミスト・グリーン）28
ヘイズル　……………………………………128
ベージュ　……………………………………53
碧・へき………………（ジャスパー・グリーン）186
碧色・へきしょく　………（ジャスパー・グリーン）186
鼈甲色・べっこういろ　…………………………64
ペッパー・レッド………………………………132
紅赤・べにあか…………………………（唐紅）140
紅色・べにいろ……………………………（紅）140
紅柿・べにがき…………………………（柿色）122
紅掛花色・べにかけはないろ　……………（二藍）153
ベニチアン・レッド　…………………（弁柄色）168
紅藤・べにふじ　………………………（藤色）72
ベビー・ピンク　………………………（ピンク）92
ベビー・ブルー　………………………（ピンク）92
ヘブンリー・ブルー…………（スカイ・ブルー）23
ヘリオトロープ…………………………………88
ベルフラワー　…………………………………88
弁柄色・べんがらいろ…………………………168
ヘンナ　………………………………………144
【ほ】ホイート……………………………（小麦色）134
ポイズン・イエロー……………………（雄黄）174
薄荷緑・ボーフーリュー　………（ミント・グリーン）106
暮色・ぼしょく……………………（サンセット）26
牡丹色・ぼたんいろ………………………………74
ボトル・グリーン………………（ワイン・レッド）126
ポピー・レッド　…………………………………78
ポムグラニット　…………………………………124
ホライズン・ブルー　…………（スカイ・ブルー）23
ホリー・グリーン…………………………………104
ボルドー　………………………（ワイン・レッド）126
ホワイト・レド　………………………（鉛白）174
黄鴨色・ホワンヤースー　……………（鴨の羽色）43
紅狐色・ホンフースー　…………………………（狐色）52
本紫・ほんむらさき……………………………（似紫）155
虹藍・ホンラン…………………………（スカイ・ブルー）23
紅蓮灰・ホンリェンホイ…………（ロータス・ピンク）83
【ま】瑪瑙色・マーナオスー　…………………（アガット）186
麦杆黄・マイカンホワン　……………（ストロー）110
マウス・ダン……………………………………（鼠色）59
マシコット　……………………………………（丹色）169
マスタード……………………………………（芥子色）132
マゼンタ……………………………………（フクシャ）88
マダー　…………………………………………………143
松重・まつがさね　…………………………〈重色目〉165
抹茶色・まっちゃいろ……………………………（茶色）147
松の葉色・まつのはいろ…………………（松葉色）104
松葉色・まつばいろ　…………………………………104
マドンナ・ブルー　……………（ラピスラズリ）177
マホガニー　……………………………………………109
マホガニー・ブラウン　………（マホガニー）109
マホガニー・レッド…………………（マホガニー）109
マラカイト・グリーン　………………………………175
マリーゴールド　………………………………………89
マリン・ブルー　………（オーシャン・グリーン）30
マルーン　…………………………………………（栗色）128
マルベリー　……………………………（桑の実色）125
マロン・グラッセ………………………………（栗色）128
マロン・ショー　…………………………………（栗色）128
【み】蜜柑色・みかんいろ　……………………………………119
水浅葱・みずあさぎ…………………………………（水色）29
水色・みずいろ　…………………………………………29
水柿・みずがき…………………………………（柿色）122
ミスト・グリーン…………………………………………28
水縹・みずはなだ………………………………（水色）29
密陀僧・みつだそう　…………………………（丹色）169
ミッドナイト・ブルー　…………………………………27
翠色・みどりいろ…………………………………………44
海松色・みるいろ　………………………………………113
ミルク・ホワイト……………………………………………55
海松茶・みるちゃ　……………………………（海松色）113
ミロリ・ブルー　………（プルッシャン・ブルー）178
ミント・グリーン　…………………………………………106
【む】牡丹紅・ムータンホン　…………………………（牡丹色）74
暮云灰・ムーユンホイ　………………（サンセット）26
ムーン・グレイ…………（ムーンライト・ブルー）26
ムーンライト　…………（ムーンライト・ブルー）26
ムーンライト・ブルー　……………………………26

鳩羽鼠・はとばねず……(山鳩色)51
鳩羽紫・はとばむらさき……(山鳩色)51
花色・はないろ……(縹色)151
花紺青・はなこんじょう……(スマルト)177
花染・はなぞめ……(露草色)154
縹色・はなだいろ……151
花田色・はなだいろ……(縹色)151
埴・はに……168
埴生色・はにゅういろ……(埴)168
唐棣色・はねずいろ……71
朱華色・はねずいろ……(唐棣色)71
バフ……54
薔薇色・ばらいろ……81
パリス・ブルー……(プルッシャン・ブルー)178
パロット・グリーン……48
パンジー……77
パンジー・バイオレット……(パンジー)77
バンブー……109
パンプキン……130
パン・ブリュレ……(小麦色)134

【ひ】ヒアシンス・ブルー……93
ピアニー・パープル……74
ピー・グリーン……133
ピーコック……49
ピーコック・グリーン……(ピーコック)49
ピーコック・ブルー……(ピーコック)49
ヒーザー……93
ピーチ……123
ピーチ・ブロッサム……(ピーチ)123
ピーチ・ベージュ……(ベージュ)53
碧玉石・ピーユーシー……(ジャスパー・グリーン)186
緋色・ひいろ……35
火色・ひいろ……(緋色)35
ビクトリアン・モーブ……(モーブ)85
ピジョンズ・ブラッド……(山鳩色)51
ビスケット……134
ピスタシオ……129
秘色・ひそく……(青磁色)173
向日葵色・ひまわりいろ……(サンフラワー)84
白群・びゃくぐん……(群青色)177
白緑・びゃくろく……(緑青)175
ピュース……60
ビリジアン……179
鶸色・ひわいろ……45
檜皮色・ひわだいろ……108
鶸茶・ひわちゃ……(鶸色)45
鶸萌木・ひわもえぎ……(鶸色)45
ピンク……92
ビンテージ……(ワイン・レッド)126
品紅・ピンホン……(フクシャ)88
ビンヤード……(ワイン・レッド)126

【ふ】ファイア・レッド……35
ファウンテン・ブルー……(アクア)29
フィヨルド・ブルー……(オーシャン・グリーン)30
フー……(ファイア・レッド)35
荷叶緑・プーイエリュー……(ロータス・ピンク)83
葡萄灰・プータオホイ……(グレイプ)126
荷花白・プーホアパイ……(ロータス・ピンク)83
湖藍灰・フーランホイ……(アクア)29
湖緑・フーリュー……(アクア)29
フォイーユ・モルト……(朽葉色)102
フォーリッジ……(草色)99
フォーン……54
フォグ・ブルー……(ミスト・グリーン)28
フォゲットミーナット・ブルー……77
フォックス……(狐色)52
深川鼠・ふかがわねず……(鼠色)59
深縹・ふかはなだ……(縹色)151
深緑・ふかみどり……(エバー・グリーン)104
フクシャ……88
フクシャ・パープル……(フクシャ)88
フクシャ・ピンク……(フクシャ)88
柴色・ふしいろ……157
藤色・ふじいろ……72
柴染・ふしぞめ……(柴色)157
藤納戸・ふじなんど……(藤色)72
藤紫・ふじむらさき……(藤色)72
燻色・ふすべいろ……(墨色)36
二藍・ふたあい……153
二つ色・ふたついろ……〈重色目〉165
ブラウン……(茶色)147
ブラウン・マダー……(マダー)143
フラックス……(亜麻色)107
フラミンゴ……43
プラム……122
プラム・パープル……(プラム)122
フランボワーズ……(ラズベリー)125
フリー……(ピュース)60
ブリック・レッド……(煉瓦色)173
プリムローズ・イエロー……77

露草色・つゆくさいろ……154
橡色・つるばみいろ……156

【て】
凋叶棕・ティアオイエツォン……(朽葉色)102
ティール・グリーン……(ダック・ブルー)43
天藍・ティエンラン……(スカイ・ブルー)23
丁香紫・ティンシァンツー……(ライラック)79
鉄色・てついろ……182
鉄紺・てつこん……(鉄色)182
デッド・リーフ……(朽葉色)102
鉄納戸・てつなんど……(納戸色)152
テラコッタ……(弁柄色)168
照柿・てりがき……(柿色)122
天色・てんしょく……(空色)23

【と】
藤黄・とうおう……(雄黄)174
銅青・どうしょう……(緑青)175
土黄・トウホワン……(黄土色)172
玉蜀黍色・とうもろこしいろ……(メイズ)133
トープ……58
ドーン・ピンク……(オーロラ)21
蜥蜴色・とかげいろ……59
鴇色・ときいろ……42
朱鷺色・ときいろ……(鴇色)42
時色・ときいろ……(鴇色)42
常磐緑・ときわみどり……(エバー・グリーン)104
木賊色・とくさいろ……112
砥粉色・とのこいろ……172
トパーズ……184
鳶色・とびいろ……50
鳶茶・とびちゃ……(鳶色)50
留紺・とまりこん……(紺色)152
ドラブ……(オリーブ・ドラブ)131
トリトン・グリーン……(オーシャン・グリーン)30
鳥の子色……50
曇色・どんしょく……(ミスト・グリーン)28
冬緑・トンリュー……(エバー・グリーン)104
銅緑色・トンリュースー……(緑青)175

【な】
ナイル・ブルー……(アクア)29
苗色・なえいろ……(若草色)98
中藍・なかのあい……(瓶覗き)151
中縹・なかはなだ……(縹色)151
茄子紺・なすこん……130
菜種油色・なたねあぶらいろ……(菜の花色)75
菜種色・なたねいろ……(菜の花色)75
夏虫色・なつむしいろ……(玉虫色)61
撫子色・なでしこいろ……91
菜の花色・なのはないろ……75
生壁色・なまかべいろ……173
鉛色・なまりいろ……182
南瓜黄・ナンクワホワン……(パンプキン)130
納戸色・なんどいろ……152
納戸鼠・なんどねず……(納戸色)152

【に】
丹色・にいろ……169
虹色・にじいろ……12
似紅・にせべに……(紅)140
似紫・にせむらさき……155
肉桂色・にっけいいろ……(シナモン)110
鈍色・にびいろ……157
乳白色・にゅうはくしょく……(ミルク・ホワイト)55
檸檬黄・ニンマンホワン……(レモン・イエロー)121

【ぬ】
濡れ色・ぬれいろ……(濡烏)51
濡烏・ぬれがらす……51
濡れ羽色・ぬればいろ……(濡烏)51

【ね】
ネイビー・ブルー……(インディゴ)153
ネイプルス・イエロー……174
鼠色・ねずみいろ……59
根摺の色・ねずりのいろ……(紫)154
ネプチューン・グリーン (オーシャン・グリーン)30
練色・ねりいろ……61
嫩草緑・ネンツァオリュー……(フレッシュ・グリーン)99

【の】
ノース・ブルー……(オーシャン・グリーン)30

【は】
バーガンディー……(ワイン・レッド)126
パープル……160
パープル・マダー……(マダー)143
バーミリオン……(朱)169
パール・グレイ……(パール・ホワイト)64
パール・ブルー……(パール・ホワイト)64
パール・ホワイト……64
バーント・アンバー……(弁柄色)168
バーント・シェーナ……(弁柄色)168
灰色・はいいろ……36
バイオレット……76
バイス・グリーン……(マラカイト・グリーン)175
海天藍・ハイティエンラン……(スカイ・ブルー)23
海藍・ハイラン……(オーシャン・グリーン)30
白亜・はくあ……(チョーク)174
黄櫨色・はじいろ……146
半色・はしたいろ……(濃色)155
榛色・はしばみいろ……(ヘイズル)128
肌色・はだいろ……60
鳩羽色・はとばいろ……(山鳩色)51

スモーク・ブルー……35
スレート・グレイ……173
スレート・バイオレット……(スレート・グレイ)173
スレート・ブルー……(スレート・グレイ)173

【せ】

青磁色・せいじいろ……173
セージ・グリーン……106
石黄・せきおう……(雄黄)174
石竹色・せきちくいろ……(撫子色)91
石板色・せきばんいろ……(スレート・グレイ)173
石緑・せきろく……(緑青)175
雪色・せっしょく……(スノー・ホワイト)32
雪白・せっぱく……(スノー・ホワイト)32
ゼニス・ブルー……(スカイ・ブルー)23
セピア……62
蟬の羽・せみのは……〈重色目〉163
セラドン……(青磁色)173
セラドン・グリーン……(サーフ・グリーン)31
セラドン・グレイ……(サーフ・グリーン)31
ゼラニウム……85
セルリアン・ブルー……(スカイ・ブルー)23
セレスト・ブルー……(スカイ・ブルー)23

【そ】

象牙色・ぞうげいろ……(アイボリー)58
薔薇・そうび……〈重色目〉163
纁・そひ……(茜色)143
空色・そらいろ……23

【た】

ターコイズ……190
ターコイズ・グリーン……(ターコイズ)190
ターコイズ・ブルー……(ターコイズ)190
ターメリック……(鬱金色)149
タイガー・リリー……84
退紅・たいこう……142
代赭色・たいしゃいろ……(弁柄色)168
大正藤・たいしょうふじ……(藤色)72
橙色・だいだいいろ……118
苔灰・タイホイ……(苔色)112
黛藍・タイラン……(藍色)150
苔緑・タイリュー……(苔色)112
タイル・レッド……(煉瓦色)173
桃紅・タオホン……(桃色)70
橘・たちばな……〈重色目〉163
ダック・ブルー……43
煙草色・たばこいろ……(タバコ・ブラウン)110
タバコ・ブラウン……110
玉子色・たまごいろ……(鳥の子色)50
玉虫色・たまむしいろ……61
溜色・ためいろ……(小豆色)133
タン……109
団十郎茶・だんじゅうろうちゃ……(茶色)147
灯草灰・タンツァオホイ……(消炭色)36
ダンディライアン……75
胆礬色・たんばいろ……183
蒲公英色・たんぽぽいろ……(ダンディライアン)75

【ち】

极光紅・チークワンホン……(オーロラ)21
茄皮紫・チェピーツー……(茄子紺)130
チェリー……124
チェリー・ピンク……(チェリー)124
チェリー・レッド……(チェリー)124
辰沙・チェンシャ……(朱)169
チタニウム・ホワイト……(ジンク・ホワイト)179
千歳緑・ちとせみどり……(エバー・グリーン)104
茶色・ちゃいろ……147
チャコール・グレイ……(消炭色)36
茶鼠・ちゃねず……(鼠色)59
茶花紅・チャホアホン……(カメリア)70
橘橙・チューチョン……(橙色)118
霽紅・チューホン……(麴塵)113
竹緑・チューリュー……(バンブー)109
春梅紅・チュンメイホン……(紅梅色)71
春藍・チュンラン……(オーキッド)92
春緑・チュンリュー……(フレッシュ・グリーン)99
丁字色・ちょうじいろ……145
丁子色・ちょうじいろ……(丁字色)145
丁字染・ちょうじぞめ……(丁字色)145
長春色・ちょうしゅんいろ……(薔薇色)81
チョーク……174
チョコレート……135
橙色・チョンスー……(橙色)118
チリアン・パープル……(パープル)160
青蝦色・チンシアスー……(海老茶)63
井天藍・チンティエンラン……(スカイ・ブルー)23
青豆色・チントウスー……(ピー・グリーン)133
烬灰・チンホイ……(灰色)36
青蓮紫・チンリェンツー……(ロータス・ピンク)83

【つ】

草緑・ツァオリュー……(草色)99
草原远緑・ツァオユワンユワンリュー……(草色)99
月草・つきくさ……〈重色目〉164
次縹・つぎのはなだ……(縹色)151
土色・つちいろ……172
土気色・つちけいろ……(土色)172
躑躅色・つつじいろ……74

サンド……170
サンド・ベージュ……(ベージュ)53
サンフラワー……84
サンライズ・イエロー……22
サンライト・ホワイト……(サンライズ・イエロー)22
【し】シアン……179
向日黄・シァンリーホワン……(サンフラワー)84
シー・グリーン……(オーシャン・グリーン)30
シー・クレスト……(サーフ・グリーン)31
石竹紫・シーチューツー……(撫子色)91
石竹紅・シーチューホン……(撫子色)91
シー・ブルー……(オーシャン・グリーン)30
石黄・シーホワン……(雄黄)174
柿紅・シーホン……(柿色)122
シー・モス……(海松色)113
ジェイ・ブルー……44
ジェード・グリーン……187
シェル・ピンク……63
ジェンティアン・ブルー……(竜胆色)90
深栗色・シェンリースー……(栗色)128
雌黄・しおう……(雄黄)174
紫苑色・しおんいろ……90
シグナル・レッド……(ファイア・レッド)35
シクラメン・ピンク……92
時雨の色・しぐれのいろ……28
紫紺・しこん……(紺色)152
紫根色・しこんいろ……(紫)154
宍色・ししいろ……(肌色)60
漆黒・しっこく……113
シナバー……(朱)169
シナモン……110
東雲色・しののめいろ……(曙色)21
宵藍・シャオラン……(ミッドナイト・ブルー)27
赤銅色・しゃくどういろ……183
ジャスパー・グリーン……186
シャモア……54
シャルトルーズ……(ワイン・レッド)126
洒落柿・しゃれがき……(柿色)122
シャンパーニュ……(ワイン・レッド)126
朱・しゅ……169
曙紅・シューホン……(曙色)21
雪白・シュエバイ……(スノー・ホワイト)32
シュリンプ・ピンク……(海老茶)63
猩々緋・しょうじょうひ……59
菖蒲・しょうぶ……〈重色目〉163
菖蒲色・しょうぶいろ……82
白藍・しらあい……(瓶覗き)151
シルバー……(銀色)181
シルバー・グレイ……(銀色)181
シルバー・ピンク……(銀色)181
シルバー・ホワイト……(銀色)181
白銀色・しろがねいろ……(銀色)181
白殺し・しろころし……(瓶覗き)151
白鼠・しろねず……(鼠色)59
真紅・しんく……(紅)140
深紅・しんく……(紅)140
ジンク・ホワイト……179
沈香色・じんこういろ……(丁字色)145
辰砂・しんしゃ……(朱)169
真珠色・しんじゅいろ……(パール・ホワイト)64
新橋色・しんばしいろ……(浅葱色)151
新芽色・シンヤースー……(フレッシュ・グリーン)99
【す】スウェード……54
蘇芳色・すおういろ……144
スカーレット……(クリムスン)158
スカイ・グレイ……(スカイ・ブルー)23
スカイ・ブルー……23
スカラブ・ブルー……60
煤色・すすいろ……(墨色)36
煤竹色・すすたけいろ……(青竹色)109
雀色・すずめいろ……45
雀頭色・すずめいろ……(雀色)45
スチール・グレイ……(鉄色)182
ストーミー・ナイト……(ストーム・ブルー)27
ストーム・ブルー……27
ストーン……(ストーン・グレイ)172
ストーン・グレイ……172
ストロー……110
ストロベリー……125
砂色・すないろ……(サンド)170
素鼠・すねず……(鼠色)59
スノー・グリーン……(スノー・ホワイト)32
スノー・ホワイト……32
スプリング・グリーン……(フレッシュ・グリーン)99
スプレイ・グリーン……(アクア)29
スマルト……177
墨色・すみいろ……36
墨染・すみぞめ……(墨色)36
菫色・すみれいろ……76
スモーク・グレイ……(スモーク・ブルー)35

栗皮茶・くりかわちゃ……(栗色)128
クリムスン……158
胡桃色・くるみいろ……146
グレイプ……126
紅・くれない……140
紅の薄様・くれないのうすよう……〈重色目〉161
クローム・イエロー……178
クローム・オレンジ……(クローム・イエロー)178
クローム・グリーン……(クローム・イエロー)178
黒柿・くろがき……(柿色)122
鉄色・くろがねいろ……182
黒茶・くろちゃ……(茶色)147
黒橡・くろつるばみ……(橡色)156
黒鳶・くろとび……(鳶色)50
桑色・くわいろ……(桑染)146
桑染・くわぞめ……146
桑茶・くわちゃ……(桑染)146
桑の実色・くわのみいろ……125
群青色・ぐんじょういろ……177

【け】
消炭色・けしずみいろ……36
滅紫・けしむらさき……(濃色)155
月色・げっしょく……(ムーンライト・ブルー)26
月白・げっぱく……(ムーンライト・ブルー)26
源氏鼠・げんじねず……(鼠色)59

【こ】
濃藤・こいふじ……(藤色)72
香色・こういろ……(丁字色)145
光悦茶・こうえつちゃ……(茶色)147
柑子色・こうじいろ……119
紅梅色・こうばいいろ……71
紅梅匂・こうばいのにおい……〈重色目〉162
黄櫨染・こうろぜん……(黄櫨色)146
コーヒー・ブラウン……135
コーラル・ピンク……64
氷重・こおりがさね……〈重色目〉165
ゴールド……(金色)180
コーン……(メイズ)133
黄金色・こがねいろ……(金色)180
濃藍・こきあい……(瓶覗き)151
濃色・こきいろ……155
濃朽葉・こきくちば……(朽葉色)102
濃紅・こきくれない……(唐紅)140
国防色・こくぼうしょく……(カーキ)172
コクリコ……(ポピー・レッド)78
苔色・こけいろ……112
焦茶・こげちゃ……(茶色)147
ココア……(チョコレート)135
ココナッツ・ブラウン……135
コスモス……89
古代紫・こだいむらさき……(似紫)155
コチニール……159
コニャック……(ワイン・レッド)126
琥珀色・こはくいろ……191
コバルト・グリーン……(コバルト・ブルー)178
コバルト・ブルー……178
媚茶・こびちゃ……(茶色)147
胡粉・ごふん……(チョーク)174
小町鼠・こまちねず……(鼠色)59
小麦色・こむぎいろ……134
コルク……110
紺藍・こんあい……(紺色)152
紺色・こんいろ……152
金色・こんじき……180
紺青・こんじょう……(紺色)152
孔雀藍・コンチュエラン……(ピーコック)49
紺碧・こんぺき……(ジャスパー・グリーン)186

【さ】
サーフ・グリーン……31
サーモン・ピンク……62
桜色・さくらいろ……70
桜重・さくらがさね……〈重色目〉162
桜萌黄・さくらもえぎ……〈重色目〉162
鮭色・さけいろ……(サーモン・ピンク)62
サックス・ブルー……(インディゴ)153
サハラ……(サンド)170
錆浅葱・さびあさぎ……(浅葱色)151
錆色・さびいろ……182
錆青磁・さびせいじ……(錆色)182
錆納戸・さびなんど……(錆色)182
錆鼠・さびねず……(錆色)182
サファイア・ブルー……185
サフラン・イエロー……149
サラド……(レタス・グリーン)106
サルビア……(サルビア・ブルー)79
サルビア・ブルー……79
サン・イエロー……(サンライズ・イエロー)22
サン・オレンジ……(サンライズ・イエロー)22
サンシャイン・イエロー……(サンライズ・イエロー)22
珊瑚色・さんごいろ……(コーラル・ピンク)64
サンセット……26
サンダー・ブルー……(ストーム・ブルー)27
サンダウン……(サンセット)26

女郎花色・おみなえしいろ……90
思ひの色・おもひのいろ ……(緋色)35
オリーブ ……131
オリーブ・イエロー ……(オリーブ)131
オリーブ・グリーン ……(オリーブ)131
オリーブ・グレイ ……(オリーブ)131
オリーブ・ドラブ ……131
オリーブ・ブラウン ……(オリーブ)131
オレンジ……118
【か】カーキ ……172
カーキ色……(カーキ)172
カーネーション……78
ガーネット ……184
カーボン・ブラック ……(墨色)36
カーマイン……(クリムスン)158
柿色・かきいろ ……122
柿渋色・かきしぶいろ……(柿色)122
杜若色・かきつばたいろ ……82
霞色・かすみいろ……(ミスト・グリーン)28
褐色・かちいろ ……152
搗色・かちいろ ……(褐色)152
勝色・かちいろ ……(褐色)152
搗染・かちそめ ……(褐色)152
褐色・かっしょく……(茶色)147
カッパー・レッド ……(赤銅色)183
カドミウム・イエロー ……(カドミウム・オレンジ)179
カドミウム・オレンジ……179
カドミウム・グリーン ……(カドミウム・オレンジ)179
カナリア色 ……(カナリー)48
カナリー ……48
樺色・かばいろ……108
蒲色・かばいろ……108
蒲茶・かばちゃ……(蒲色)108
珈琲色・カフェイスー ……(コーヒー・ブラウン)135
瓶覗き・かめのぞき……151
カメリア ……70
鴨川鼠・かもがわねず ……(鼠色)59
鴨の羽色・かものはいろ ……43
唐紅・からくれない……140
韓紅・からくれない……(唐紅)140
乾鮭色・からさけいろ……(サーモン・ピンク)62
芥子色・からしいろ ……132
烏羽色・からすばいろ ……(濡烏)51
唐撫子・からなでしこ ……(撫子色)91
刈安色・かりやすいろ……148
枯色・かれいろ……103
枯草色・かれくさいろ……(枯色)103
枯野・かれの ……〈重色目〉165
土器色・かわらけいろ……173
萱草色・かんぞういろ ……84
【き】桔梗・ききょう……〈重色目〉164
桔梗色・ききょういろ……91
桔梗納戸・ききょうなんど……(納戸色)152
麴塵・きくじん ……113
黄朽葉・きくちば ……(朽葉色)102
狐色・きつねいろ……52
生成色・きなりいろ……107
樹皮色・きはだいろ ……(檜皮色)108
黄蘗色・きはだいろ ……148
キャメル ……(駱駝色)52
伽羅色・きゃらいろ……(丁字色)145
キャラメル ……(飴色)134
キャロット・オレンジ……130
キューピッド・ピンク ……(ピンク)92
京藤・きょうふじ ……(藤色)72
京紫・きょうむらさき……(似紫)155
金赤・きんあか ……(金色)180
金色・きんいろ ……180
銀色・ぎんいろ ……181
銀朱・ぎんしゅ ……(朱)169
金茶・きんちゃ ……(茶色)147
銀鼠・ぎんねず……(銀色)181
【く】グース・グレイ ……(ダック・ブルー)43
庫金・クーチン ……(金色)180
枯緑・クーリュー ……(枯色)103
九月菊・くがつぎく ……〈重色目〉164
草色・くさいろ……99
支子色・くちなしいろ ……147
梔子色・くちなしいろ ……(支子色)147
朽葉・くちば……〈重色目〉164
朽葉色・くちばいろ ……102
クラウディ・ピンク……(ミスト・グリーン)28
グラス・グリーン ……(草色)99
クリーム ……55
クリーム・イエロー ……(クリーム)55
クリーム色 ……(クリーム)55
栗色・くりいろ ……128
涅色・くりいろ ……157
栗梅・くりうめ ……(栗色)128
栗皮色・くりかわいろ ……(栗色)128

油色・あぶらいろ……(菜の花色)75
アプリコット……123
亜麻色・あまいろ……107
飴色・あめいろ……134
アメジスト……185
菖蒲色・あやめいろ……82
洗い柿・あらいがき……(柿色)122
退紅・あらぞめ……142
粗染・あらぞめ……(退紅)142
洗染・あらぞめ……(退紅)142
杏色・あんずいろ……(アプリコット)123
アンバー……(琥珀色)191
【い】イエロー・オーカー……(黄土色)172
烟色・イェンスー……(タバコ・ブラウン)110
苺色・いちごいろ……(ストロベリー)125
一斤染・いっこんぞめ……142
今紫・いまむらさき……(似紫)155
今様色・いまよういろ……142
謂わぬ色・いわぬいろ……(支子色)147
鸚鵡緑・インウーリュー……(パロット・グリーン)48
インディゴ……153
桜花紅・インホアホン……(桜色)70
【う】ウィザード・リーフ……(朽葉色)102
ウイスキー……(ワイン・レッド)126
ウィロー・グリーン……(柳色)105
ウォーター・グリーン……(アクア)29
ウォーター・ブルー……(アクア)29
ウォルナット……129
鶯色・うぐいすいろ……45
鶯茶・うぐいすちゃ……(鶯色)45
鬱金色・うこんいろ……149
薄藍・うすあい……(瓶覗き)151
薄色・うすいろ……(濃色)155
薄柿・うすがき……(柿色)122
薄朽葉・うすくちば……(朽葉色)102
薄紅・うすくれない……(唐紅)140
薄墨色・うすずみいろ……(墨色)36
薄藤・うすふじ……(藤色)72
淡藤色・うすふじいろ……(藤色)72
うつし色・うつしいろ……(露草色)154
空五倍子色・うつぶしいろ……156
卯の花・うのはな……〈重色目〉163
卯の花色・うのはないろ……73
裏葉色・うらはいろ……105
裏葉柳・うらはやなぎ……(裏葉色)105
裏柳・うらやなぎ……(裏葉色)105
裏山吹・うらやまぶき……〈重色目〉162
ウルトラマリン……(ラピスラズリ)177
暈色・うんしょく……183
【え】エクリュ……(ベージュ)53
エッグシェル……(鳥の子色)50
エッグプラント……(茄子紺)130
江戸紫・えどむらさき……(似紫)155
エバー・グリーン……104
葡萄色・えびいろ……126
海老色・えびいろ……(葡萄色)126
葡萄染・えびぞめ……(葡萄色)126
葡萄染・えびぞめ……〈重色目〉165
海老茶・えびちゃ……63
エメラルド・グリーン……187
臙脂色・えんじいろ……158
遠州茶・えんしゅうちゃ……(茶色)147
鉛丹色・えんたんいろ……(丹色)169
エンパイア・ローズ……(オールド・ローズ)81
鉛白・えんぱく……174
【お】オイスター……63
オイスター・ホワイト……(オイスター)63
老竹色・おいたけいろ……(青竹色)109
黄丹・おうたん……169
楝・おうち……73
樗・おうち……(楝)73
黄土色・おうどいろ……172
黄丹・おうに……169
オーカー……(黄土色)172
オーキッド……92
オーキッド・グレイ……(オーキッド)92
オーキッド・ティント……(オーキッド)92
オーキッド・パープル……(オーキッド)92
オーキッド・ピンク……(オーキッド)92
オーシャン・グリーン……30
オーピメント……(雄黄)174
オーベルジーヌ……(茄子紺)130
オールド・ローズ……81
オーロラ……21
オクサイド・レッド……(埴)168
落栗色・おちぐりいろ……(栗色)128
オックスハート……(オックスブラッド)55
オックスブラッド……55
オパール・グリーン……190
女郎花・おみなえし……〈重色目〉164

『色の名前』色名索引

❖ここでは、個々に解説を設けて紹介した項目色名の他に、解説文中に太字で記した色名を取り上げました。

❖解説文中に登場する色名に関しては、（　）内にその色名が登場する項目色名を記しました。

❖また「コラム⑦重色目《かさねのいろめ》」で紹介した重色目の名前についても取り上げ、〈重色目〉と記しました。

【あ】
藍色・あいいろ …… 150
アイス・グリーン …… 32
アイスバーグ・グリーン ……（アイス・グリーン）32
アイス・ブルー ……（アイス・グリーン）32
藍鳶・あいとび ……（鳶色）50
藍鼠・あいねず ……（鼠色）59
アイビー・グリーン …… 105
藍藤・あいふじ ……（藤色）72
アイボリー …… 58
アイボリー・ブラック ……（アイボリー）58
藍海松茶・あいみるちゃ ……（海松色）113
アイリス …… 82
青朽葉・あおくちば ……（朽葉色）102
あおじ ……（青磁色）173
青白橡・あおしろつるばみ ……（麹塵）113
青摺・あおずり ……（山藍摺）152
青竹色・あおたけいろ …… 109
青丹・あおに ……（緑青）175
青鈍色・あおにびいろ ……（鈍色）157
青柳・あおやなぎ ……〈重色目〉162
赤銅色・あかかねいろ …… 183
赤朽葉・あかくちば ……（朽葉色）102
赤錆色・あかさびいろ ……（錆色）182
アガット …… 186
茜色・あかねいろ …… 143
アクア …… 29
アクア・グリーン ……（アクア）29
アクアマリン …… 190
灰汁色・あくいろ ……（灰色）36
緋・あけ ……（緋色）35
真緋・あけ ……（緋色）35
曙色・あけぼのいろ …… 21
アザー・ブルー ……（スカイ・ブルー）23
浅葱色・あさぎいろ …… 151
浅葱鼠・あさぎねず ……（浅葱色）151
浅縹・あさはなだ ……（縹色）151
アザレ ……（躑躅色）74
小豆色・あずきいろ …… 133
アズライト ……（群青色）177
アッシュ・グレイ ……（灰色）36
アッシュ・ローズ ……（オールド・ローズ）81
アップル・グリーン …… 123
アブシンス・グリーン ……（ワイン・レッド）126
アフター・グロウ ……（サンセット）26

福田邦夫　「日本の伝統色」（読売新聞社）［1987］
中江克己　編　「染織辞典」（泰流社）［1987］
荒俣　宏　「世界大博物図鑑」全5巻・別2巻（平凡社）［1987］～
福田邦夫　「ヨーロッパの伝統色」（読売新聞社）［1988］
長崎盛輝　「日本の傳統色彩」（京都書院）［1988］
長崎盛輝　「かさねの色目」（京都書院）［1988］
別冊太陽　「源氏物語の色」（平凡社）［1988］
折口信夫　訳　「万葉集」上・下（河出書房新社）［1988］
尾畑喜一郎　編　「古事記事典」（桜楓社）［1988］
鈴木一雄　他編　「日本名句辞典」（大修館書店）［1988］
相賀徹夫　編　「園芸植物大事典」全6巻（小学館）［1988］～
上村六郎　「日本の草木染」（京都書院）［1989］
日本色彩研究所解説　「日本の伝統色」（大日本インキ化学工業）［1989］
山崎青樹　「草木染　日本色名事典」（美術出版社）［1989］
坪内逍遥　訳　「ザ・シェイクスピア」（第三書館）［1989］
森　澄雄　監修　「花の大歳時記」（角川書店）［1990］
荒俣　宏　「花の王国」全4巻（平凡社）［1990］～
石原八束　他　「俳句用語辞典」（飯塚書店）［1991］
アンリ・マティス　「画家のノート」（みすず書房）［1991］
R.F.シムス　他　「ビジュアル博物館―結晶と宝石」（同朋舎出版）［1992］
中島　純　「染織の文化」（北海道伝統美術工芸村）［1993］
ブルース・バーナード　「ビジュアル美術館―ゴッホ」（同朋舎出版）［1993］
湯浅浩史　「植物と行事――その由来を推理する」（朝日新聞社）［1993］
福田邦夫　「色の名前」（主婦の友社）［1994］
伊原　昭　「文学にみる日本の色」（朝日新聞社）［1994］
アリスン・コール　「ビジュアル美術館―色の技法」（同朋舎出版）［1994］
山田夏子　解説　「フランスの伝統色」（大日本インキ化学工業）［1994］
淡交ムック　「色　彩る・染める・粧う」（淡交社）［1994］
吉岡幸雄　「色の歴史手帖」（PHP研究所）［1995］
ミシェル・パストゥロー　「ヨーロッパの色彩」（パピルス）［1995］
山田卓三・中嶋信太郎　「万葉植物事典　万葉植物を読む」（北隆館）［1995］
梶井基次郎　「檸檬」（新潮社）［1995］
堀　秀道　「楽しい鉱物図鑑」（草思社）［1995］
日本規格協会編　「JISハンドブック　色彩」（日本規格協会）［1996］
キャリー・ホール　「宝石の写真図鑑」（日本ヴォーグ社）［1996］

『色の名前』参考資料

硲伊之助　訳	「ゴッホの手紙」上・中・下（岩波書店）	[1955]〜
北山谿太	「源氏物語辞典」（平凡社）	[1957]
万足　卓　訳	「鑑賞ハイネ名詩選」（大学書林）	[1957]
前田千寸	「日本色彩文化史」（岩波書店）	[1960]
富安風生　他	「俳句歳時記」（平凡社）	[1962]
三浦靱郎　訳	「ゲーテ詩集」（郁文堂）	[1970]
難波利夫　訳注	「対訳サンドリーズ」（東洋出版株式会社）	[1971]
櫻井　秀　他	「日本食物史」上・下（雄山閣）	[1973]
政宗敦夫　編	「万葉集總索引」（平凡社）	[1974]
加藤憲市	「英米文学植物民俗誌」（冨山房）	[1976]
高橋健二　訳	「ヘッセ詩集」（郁文堂）	[1976]
上村六郎　他編	「日本染織辞典」（東京堂出版）	[1978]
成田成寿　編	「英語歳時記」（研究社出版）	[1978]
林原耕三・八木毅訳	「漁夫とその魂・他（ワイルド童話集）」（南雲堂）	[1978]
大岡　信　編	「日本の色」（朝日新聞社）	[1979]
安部　薫	「シェイクスピアの花」（八坂書房）	[1979]
上村六郎	「色と染」（毎日新聞社）	[1980]
前田雨城	「色　染と色彩」（法政大学出版局）	[1980]
日本色彩研究所監修	「色名小事典」（日本色研事業）	[1981]
本明　寛　編	「カラーウォッチング——色彩のすべて」（小学館）	[1982]
江幡　潤	「色名の由来」（東書選書）	[1982]
リチャード・コーソン	「メークアップの歴史」（ポーラ文化研究所）	[1982]
朝日新聞社　編	「色の彩時記」（朝日新聞社）	[1983]
吉岡常雄	「日本の色　植物染料のはなし」（紫紅社）	[1983]
水原秋櫻子　他監修	「日本大歳時記」（講談社）	[1983]
松田　修	「枕草子・徒然草の花」（光書房）	[1983]
日本流行色協会監修	「日本伝統色色名事典」（日本色研事業）	[1984]
林　長閑　他編	「生物大図鑑」全10巻（世界文化社）	[1984]〜
山崎青樹	「草木染　染料植物図鑑」（美術出版社）	[1985]
加藤さだ	「英文学植物考」（名古屋大学出版会）	[1985]
小学館辞典編集部編	「色の手帖」（小学館）	[1986]
朝日新聞社　編	「色の博物誌」（朝日新聞社）	[1986]
王　定理　解説	「中国の伝統色」（大日本インキ化学工業）	[1986]
国際染織美術館	「染織美の展観」（国際染織美術館）	[1986]
D.W.マクドナルド他編	「動物大百科」全20巻（平凡社）	[1986]〜
日本色彩研究所編	「新色名事典」（日本色研事業）	[1987]

『色の名前』写真クレジット

坂本昇久（N.P.） 表紙，20，裏表紙． 高橋孜（N.P.） 1，23，53下，74下，75上，78上，99下，106中，107左上，107下，119下，124上，132中，134，145下，146上． 後藤昌美（N.P.） 2，8，14上，22上，26上 吉野信（N.P.） 3，54下，55上． 江口慎一（N.P.）4． 草野慎二（N.P.） 5，63下． 伊藤勝敏（N.P.） 6，18-19，30，63上，64下，113左上． 桜井淳史（N.P.） 7，15下，21，52下，59下，66-67，112上，166-167． 飯島正広（N.P.） 9，22中，53上． 浅尾省五（N.P.） 10-11，31上，44下，129下，137下． 山川孝典（N.P.） 12上，29下，49中，104中，111． Bernard Morales（N.P.） 12下． 作山智規（OPO）13上． 田澤秀子（OPO）13下． 今森光彦（N.P.） 14右下，29上，60下，61上，75下，86-87，98上，98下，100-101，105中，121上，135上，135下，154上，163下，164上． 今泉忠明（N.P.） 14左下，49上，58下，65． 亀田龍吉（N.P.） 15上，50上，71下，79下，85上，89右下，103下，105下，106上，118上，120，125下，154下，164下． NASA（N.P.） 16上，38． 埴沙萠（N.P.） 16中，36，73右下，77上，78下，103上，109上，118下，122上，124下，128上，132上，132下，133上，133中，143上，146下，147上，149下，156上，156左下，211． 山田兼正（世界文化フォト）16下 田代宏（N.P.） 22下，37，165． 中村庸夫（N.P.） 24-25，216． 増田戻樹（N.P.） 26下，59上，88下，95上，123上，130上． 姉崎一馬（N.P.） 27上，96-97，102下，113下，125上，148下，150右下． 岩附信紀（OPO）27下． 嶋田忠（N.P.） 28上 43下，51上，172上． 奥田實（N.P.）28中，82上，106下，背． いがりまさし（N.P.） 28下，76上，82下． 水口博也（N.P.） 31下，33． 目黒誠一（N.P.） 32上，52上． 栗林慧（N.P.） 32下，108下，156右下． 八木祥光（N.P.） 34． N.P.撮影 35，107右上，110左下，130下，149上，168右下，169下，174上，177，178，179上，179下，183上，183下． 中田和良（NNP）39． 井田俊明（N.P.） 40-41，43上，45上，51下． 黒沢収（N.P.） 42上． 近辻宏帰（N.P.） 42下． 和田剛一（N.P.） 44上，46-47． 吉野俊幸（N.P.） 45下，71上．立松光好（N.P.） 48上，48下，55下． Dr. Scott Nielsen（B.C.L.） 49下． 宮崎学（N.P） 50下． 榎本功（N.P.） 53上． Eric Dragesco（N.P.） 54上． Andrew J. Purcell（B.C.L.） 54中． Alan & Sandy Carey（N.P.） 56-57． 海野和男（N.P.） 60上，61下，74上． 楚山勇 62上． Jeff Foott（B.C.L.） 62下． ミキモト 64上． 平野隆久（N.P.） 68-69，70上，73左下，83下，84上，84下，89上，89左下，90右上，90左，90右下，91上，91下，95下，104上，105上，107中，108中，110右下，112下，119上，123右下，133下，141，142上，143中，147下，162上，163上，173上． 木原浩（N.P.） 70下，83上，155上． 行田哲夫（N.P.） 72，73上． Photos Horticultural 76下，79上，85下，88上，92左，93上，104下，110上，122下，129上，131． 磯村晃（N.P.） 77下，128下． Hans Reinhard（B.C.L.） 80，81． Wayne Lankinen（B.C.L.） 92右． Peter Evans（B.C.L.） 93下．飯村茂樹（N.P.） 99上． 栗田貞夫（N.P.） 102上，108上． Gerald Cugitt（B.C.L.） 109下． 和久田敏夫（N.P.） 113中． 辻中隆志（世界文化フォト）116-117． Garden / Wildlife Matters 121下． 今井国勝（N.P.） 123左下． 須坂洋（N.P.） 125中，129中． 杣田美野里（N.P.） 126． Dr. Eckart Pott（B.C.L.） 127． 小川宏（N.P.） 136上． 国際染織美術館 136下，137上，140，142下，143下，144上，144下，148上，148中，149中，150上，153下，157上，157下，158上，158下，159上，159中，159下，160右下，160左，172下． 俵銑一（世界文化フォト）138-139． 矢野勇（N.P.） 145上，145中，153上． 浜田千秋（N.P.） 150左下，152． 渡辺広史（OPO）151． 東京国立博物館 155下（奈良国立博物館所蔵）， 68左下（東京国立博物館所蔵），173下（東京国立博物館所蔵），175上（東京国立博物館所蔵）． Colin Milkins（Oxford Scientific Films / OASIS）160右上． 藤丸篤夫（N.P.） 162下． Shelly Grossman（PPS）168上． The Natural History Museum, London 169上，174下，175下，176，180，181，184上，184下，185上，185中，185下，186上，186下，187上，187下，188-189，190上，190下，191． 高木太郎（N.P.） 170-171． 藤井旭（N.P.） 182．

N.P.：ネイチャー・プロダクション　B.C.L.：Bruce Coleman Limited

協力　武田正倫（国立科学博物館）　堀秀道（鉱物科学研究所）

あとがき …………………………………… 野見山ふみこ

「亜麻色の髪の乙女」「鴇《とき》色の着物」「はしばみ色の瞳」……。小説や詩で出会うこれらの色の名前は、漠然と想像するだけで、はっきりとイメージすることができずにいました。鴇色が、トキの羽の色らしいということは知っていても、ケージの中のトキから鴇色を想像することはできませんでした。そして、鴇色はトキが大空を飛ぶときにしか見せない風切羽の色だと知ったとき、色の名前と、その名の由来になった自然を紹介する本をつくりたいと思いました。

「桜色」「枯色」「ムーンライト・ブルー」……。昔から、人は自然の中で、花や空の色の微妙な変化を感じとり、それぞれにふさわしい名前をつけて表現してきました。それは、合成染料も化学塗料もない時代、たいへんな手間をかけて自然から色を得ていたからこそ生まれた感性なのかもしれません。好きな色を、簡単に得ることができるようになった現在、赤、ピンク、黄色と、ほとんど十二色クレヨンにある色の名前しか使わなくなってしまったのは、淋しい気がします。

色は、数限りなく存在します。忙しい生活の中でも、自然の中にある多彩な色を楽しみ、古くから人々が磨いてきた自然や色に対する感性に、少しでも触れられたらと思います。

この本ができるまでにお世話になったたくさんの方々に、心からお礼申し上げます。

二〇〇〇年四月

色 IRO の NO 名 NA 前 MAE

近江源太郎《おうみげんたろう》（監修・コラム）

1940年、広島県生まれ。早稲田大学文学部・同大学院で心理学を専攻。（財）日本色彩研究所を経て、現在、女子美術大学教授。日本色彩学会副会長・女子美術大学学長・日本色彩研究所・日本心理学会・日本デザイン学会評議員等歴任。著書『色彩世相史』『造形心理学』『「好み」の心理』『改訂版新「色感テスト」』他。

ネイチャー・プロ編集室（構成・文）

自然科学分野を専門とする企画・編集集団。1978年設立以来、多くの図鑑や書籍、雑誌の自然科学記事の編集をてがけている。『ファーブル写真昆虫記・全12巻』（岩崎書店）の構成により、1987年度サンケイ児童出版文化賞を受賞。

初版発行　2000年4月25日
23版発行　2022年12月15日

監　修　近江源太郎
構成・文　ネイチャー・プロ編集室
（三谷英生・野見山ふみこ）
企画編集　三枝克之
造本装幀　吉川陽久
製版ディレクター　山本　篤（トッパンプロセス）

発行者　山下直久
発　行　株式会社KADOKAWA
〒102-8177 東京都千代田区富士見2-13-3
Phone：0570-002-301（ナビダイヤル）
印刷・製本　凸版印刷株式会社

●お問い合わせ
https://www.kadokawa.co.jp/（「お問い合わせ」へお進みください）
※内容によっては、お答えできない場合があります。
※サポートは日本国内のみとさせていただきます。
※Japanese text only

ISBN978-4-04-883622-7 C 0072
※本書は、1996年光琳社出版より「色々な色」として刊行されました

ラズベリー
ワインレッド
グレイプ
ファイアー・レッド
タバコ・ブラウン
タン
マホガニー
シナモン
コルク
スモーク・ブルー
ストーム・ブルー
ミッドナイト・ブルー
ムーンライト・ブルー
サンセット
スカイ・ブルー
サンライズ・イエロー
オーロラ
アイス・グリーン
スノー・ホワイト
サーフ・グリーン
オーシャン・グリーン
アクア
フレッシュ・グリーン
ベルフラワー
パンジー
バイオレット
カナリー
ロビンズ・エッグ・ブルー
ビリジアン
カドミウム・オレンジ
クローム・イエロー
ネイプルス・イエロー
バンブー
フラミンゴ
カーキ
アプリコット
ピーチ
カーネーション
ラピスラズリ
マラカイト・グリーン
インディゴ
アイリス
サファイア・ブルー
ルビー
トパーズ
ガーネット
ブロンズ
プリムローズ・イエロー
スマルト
パロット・グリーン
ピーコック
ダック・ブルー
ヒヤシンス・ブルー
サルビア・ブルー
ピンク
サンド
ジェイ・ブルー
ミスト・グリーン
マダー
ヘンナ
ダンディライオン
サンフラワー
メロン・イエロー
ライム・グリーン
レモン・イエロー
コーヒー・ブラウン
チョコレート
ココナッツ・ブラウン
ウォルナット
ライラック
ラベンダー
セージ・グリーン
ミント・グリーン